애거서 크리스티 읽기

설혜심 지음

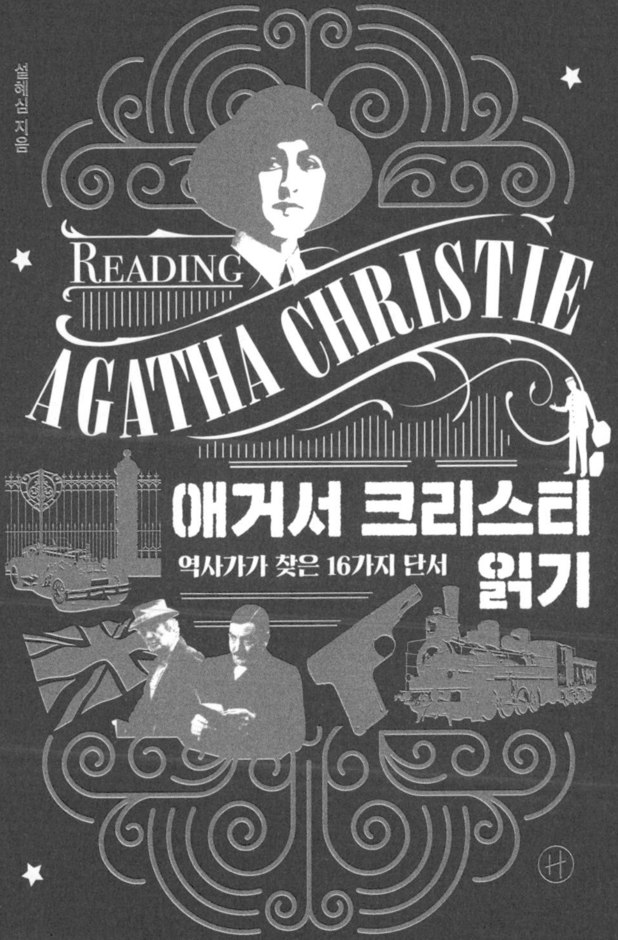

READING AGATHA CHRISTIE

애거서 크리스티 읽기

역사가가 찾은 16가지 단서

In Memory of

Michael Hole

1965. 7. 31.~ 2021. 2. 13.

책을 펴내며

이 책은 팬데믹이 가져온 예상치 못한 결과물이다. 코로나19 사태가 발생했을 때 나는 6개월 정도면 정상생활로 돌아갈 수 있을 것이라는 전혀 근거 없는 확신에 차 있었다. 그런데 반강제적 격리 생활이 길어지면서 누구나 그랬겠지만 나 또한 '멘붕'에 빠지게 되었다. 쓰레기를 버리러 나가는 일마저 주저하며 집에 처박혀 멍하니 휴대전화만 노려보는 날들이 계속되었다. 유튜브의 세계에 입문하게 되었고 알고리즘이 이끄는 대로 온갖 콘텐츠를 접하면서 본의 아니게 세계관을 넓히기도 했다. 그래도 시간이 너무 안 갔다. 짧은 콘텐츠에서 긴 콘텐츠로 옮겨가다가 결국 ITV에서 제작한 드라마 〈명탐정 푸아로〉와 〈미스 마플〉 시리즈를 다 보고 말았다.

2020년은 마침 애거서 크리스티(Dame Agatha Mary Clarissa Christie, 1890~1976)의 데뷔작 《스타일즈 저택의 죽음》이 발표된 지 꼭 100년이 되는 해였다. 드라마를 보면서 전체적으로 어쩜 저렇게 100년 전 영국의 모습을 그대로 재현했을까 하는 감탄을 금치 못했다. 옛 시가지의 모습을 보존하기 위해 런던시가 건물 외벽의 페인트 색까지 규제해온 결과가 바로 이것이구나 하고 생각하기도 했다. 그런데 군데군데서 '어, 이상한데' 하는 느낌이 들었다. 어릴 적 읽었던 빨간색

표지의 애거서 크리스티 전집과 그 내용이 사뭇 달랐기 때문이다. 아마도 TV 드라마로 각색하는 과정에서 스토리와 디테일에 변화를 주었을 것이다. 그런데 혹시 내가 잘못 기억하고 있는 것은 아닐까?

그래서 애거서 크리스티 소설을 다시 읽기 시작했다. 종이가 바스러질 정도로 낡아버린 해문판 전집을 찾아내 인터넷 아카이브에 올라 있는 원문과 대조해 보았다. 번역 오류를 발견하는 일도 재미있었지만 어린 시절 읽었던 텍스트가 전혀 다르게 보인다는 사실이 더 흥미로웠다. 물론 내가 영국사를 전공했기 때문에 어릴 적에는 몰랐던 역사적 맥락이 보였을 것이다. 그런데 그와는 별개로 오래전 아주 재미있었던 일화들이 이제는 하나도 재미없거나, 거꾸로 기억에 전혀 없던 구절들이 색다른 의미로 강렬하게 다가왔다. 읽는 김에 애거서의 자서전도 사서 읽어보았는데, 내가 문학가가 아니라 역사가여서 그런지 자서전이 소설보다 훨씬 더 재미있었다. 그러면서 작가에 대한 존경심이 커가는 한편, 아주 묘한 불편함과 의문들이 고개를 들기 시작했다.

'범죄의 여왕' 혹은 '미스터리의 여왕'이라는 별명을 지닌 애거서 크리스티는 설명이 필요 없을 만큼 유명한 세계적인 작가다. 66권의 장편 소설과 14권의 단편집을 포함해 100여 권의 책을 출판했으며 100여 개의 언어로 번역되었다. 그녀는 흔히 '셰익스피어와 성경 다음으로 가장 많이 팔리는 베스트셀러 작가'로 알려져왔고 실제로 2018년에는 기네스 세계기록에 역사상 책이 가장 많이 팔린 소설가로 이름을 올렸다. 2016년 영국의 로열 메일(the Royal Mail)에서는 그녀의 작품 가운데 가장 유명한 여섯 편을 추려 우표를 만들었다.

그런데 작가 애거서의 화려한 프로필보다 내게 더 와닿았던 것은 인간 애거서의 삶이었다. 참혹한 두 차례의 세계대전을 굳건하게 견뎌내며 간호사와 약제사로 열심히 일했던 여성, 정규학교 교육과정을 전혀 경험하지 못했으면서도 독학으로 풍부한 지식을 쌓았고 평생 끊임없이 무언가를 배우며 자신을 연마했던 성실한 사람 애거서 말이다. 변변한 서재 하나 없이 부엌 모퉁이에 타자기를 올려놓고 소설을 썼으며, 잘 팔리는 소설을 쓰는 일에 안주하지 않고 희곡에 도전해 희곡 작가로서도 최고의 명성을 날렸다. 그렇게 바쁜 와중에도 고향 집 근처의 초등학교에서 학생들의 습작을 고쳐주는 봉사활동을 거르지 않았다.

그런 애거서의 생애를 염두에 두고 그녀가 쓴 작품을 읽다 보니 개인의 경험과 창작의 결과물 사이의 접점들이 선명하게 보이기 시작했다. 역사학을 하는 사람으로서 원 사료와 2차 사료를 병렬해 살펴보는 것 같은 아주 흥미로운 경험이었다. 그런데 동시에 애거서가 가진 묘한 복잡성과 콤플렉스도 눈에 띄었다. 여성해방주의자인 듯하면서 묘하게 여성혐오적이고, 자본주의의 폐해를 비판하면서도 돈을 좋아하고, 코즈모폴리턴을 표방하면서도 지독한 영국우월주의자인 모습 등등이 말이다.

실제로 애거서의 작품에는 오늘날의 시각에서 분명히 차별이나 편견이라고 부를 만한 요소들이 산재해 있다. 그런 것들을 미처 알아채지 못했던 나의 무지함을 반성하는 한편, 언젠가 수업 중 학생들에게 재미 삼아 들려주려고 그런 요소들을 끄적끄적 메모해두었다. 이때까지만 해도 책을 낼 생각은 없었다.

그런데 코로나19 사태가 길어지면서 나의 '코로나 블루'가 '코로나 블랙' 단계에 접어들었다. 수업시간에 학생들과 눈을 맞추고 이름을 불러야만 직성이 풀리는 내가 모니터를 향해 일방적으로 떠들어댄 후 노트북 뚜껑을 닫을라치면 설명하기 힘든 공허함이 밀려왔다. 게다가 최고로 심혈을 기울인 저작이라고 자부했던 《인삼의 세계사》는 서점에 깔리는 날 하필 역대 최악의 코로나 사태가 터지면서 북토크 한번 해보지 못한 채 한 해가 훌쩍 지나버렸다. 세상이 온통 '비대면'으로 바뀌어가면서 사람들과 나누던 살가운 교류가 그리워지고 생전 다니지도 않았던 동네 사우나에 가보고 싶다는 갈망까지 생겨날 무렵 가족들이 돌아가며 아프기 시작했다. 병원에 입원한 가족을 간병하며 보호자인 나까지 매번 코로나19 검사를 받아야 하는 날들이 시작되었다.

정체성에 혼란이 왔다. 매일같이 끝도 없는 가사노동과 간병 생활에 치이면서 단순한 일상언어만을 쓰는 날이 계속되었다. 코로나19 탓에 도움을 받는 일도 여의치 않았다. 몸도 힘들었지만, 마음이 더 힘들었다. 내가 무엇을 하는 사람인지를 잊어가고 있다는 당혹감과 시간을 낭비하고 있다는 묘한 죄의식, 그리고 알 수 없는 분노에 휩싸였다. 세상에서 가장 슬픈 일은 마음이 죽는 일이라는 공자 말씀이 떠올랐다. 실제로 내 마음은 죽어가고 있었다.

그런 내 상태를 알아차린 선배 전수연 교수님께서 내게 무언가 집중할 것이 필요하다고 말씀하시며 좀 색다른 책을 써보면 어떻겠냐고 권유하셨다. 이런 판국에 그것이 과연 가능할까 싶었다. 하지만 그 조언에 깃든 애정에 힘을 받아 시간 날 때마다 애거서의 책들과 관련 논문들을 읽었다. 신산한 삶으로부터 도피였고, 나의 정체성을 회복하려는 몸부림이었다. 그리고 그것은 나에게 너무나도 소중한 치유의 시간이었다. 이 지면을 빌려 전수연 교수님께 감사드린다.

이 책을 한 줄로 요약하자면 '애거서 크리스티 작품 새로 읽기' 정도가 될 것이다. 어른이 되어 그녀의 추리소설을 다시 읽었을 때 새롭게 보이는 것들, 영국 역사를 전공한 사람이 읽을 때 눈에 들어오는 것들, 그리고 애거서 크리스티 전집과 자서전을 같이 읽었을 때 비로소 알게 된 것들을 16개의 주제로 담아보았다. 글을 쓰는 내내 애거서 크리스티를 좋아하는 독자들이 함께 추억을 공유했으면 하는 바람이 있었다. 그런 까닭에 아주 짧은 기간에 집필하기도 했지만, 나로서는 최대한 가볍게 읽힐 수 있도록 노력했다.

그런데 조금 더 욕심을 부려 이 책의 의미를 찾자면, 애거서 크리스티에게 '비평적 대상'으로서의 지위를 부여하려는 작은 노력이라는 점일 것이다. 애거서의 소설은 100년 동안 대중에게 엄청난 사랑을 받아왔지만, 학계는 다른 작가들의 작품에 비해 신기하리만치 애거서 작품에 냉담했다. 비평할 가치가 없는 'B급 소설'이라는 이유가 컸다. 작가 애거서에 대해서도 무관심하기는 마찬가지였다. 오죽하면 애거서에 대한 연구가 거의 없었던 이유가 "미치거나, 흥미로운 연인들을 두었거나, 사생아를 가졌거나, 자살을 시도했거나, 혹은 궁핍하게 죽었거나 하지 않았기 때문이다"라는 분석이 나왔을까.[1]

심지어 동료 추리작가들도 애거서에 대해서는 비판만 늘어놓기 일쑤였다. 미국 하드보일드(hard-boiled) 소설의 대표주자 레이먼드 챈들러(Raymond Chandler, 1888~1959)는 애거서의 소설이 '치즈 케이크로 만든 저택(cheesecake manor)'에서나 일어날 법하게 인위적이라고 비꼬았다.[2] 루스 렌델(Ruth Rendell, 1930~2015) 또한 애거서가 현실 세계의 냉혹함을 외면한 채 감상적인 세계관에 젖어 있다고 비판했다. 렌델은 애거서가 만들어낸 인물들이 마치 카드보드(cardboard)에서 오려낸 종이 인형 같다면서 '그것은 카드보드에 대한 모욕'이라는 독설까지 퍼부었다.[3] 이런 비판의 핵심은 애거서 크리스티의 소설에 현실성이 없다는 것이다.

그런데 애거서가 창조한 캐릭터들이야말로 우리가 일상에서 만날 법한 사람들이기에 훨씬 더 현실적이다. 애거서는 '악의 평범성'을 꿰뚫고 있으면서 실제로 그것이 얼마나 무서운지를 보여주는 셈이다.[4] 덧붙여 애거서가 작품 전반에 그려낸 배경 및 세부묘사, 가치관, 물질문화 등은 당시의 사회상을 아주 생생하고도 적확하게 보여준다. 독자가 함께 퍼즐을 풀어야 하는 추리소설의 특성상 장소, 시간, 사물, 인물에 대해 아주 정확하고 구체적인 정보를 제공해야 하기 때문이다.

실제로 애거서는 현실성이라는 요소를 중시했다. 작품에 대한 아이디어를 어디서 얻느냐는 질문에 대해 그녀는 등장인물은 가상의 인물이지만 필수적인 요소인 배경은 "이미 현존하는 것으로, 반드시 실재하는 대상이어야 한다"라고 밝힌 적 있다. 직접 나일강을 유람하고, 오리엔트 특급을 타보고, 첼시의 카페에서 식사를 해봐야지만 그런 배경을 소설에 넣을 수 있다는 것이다. 그리고 실재를 풍부하게 적용하기 위해서는 매일 신문을 읽고, 메모하고 분류해야 한다고 강조했다. 특정 시기의 한 사건을 이야기로 구성하려면 당시의 굵직한 사회적 변화를 투영하는 동시에 일상의 온갖 이상야릇한 사건들을 포함해야 한다는 것이었다.[5]

이렇게 보자면 추리소설은 사회사에서 아주 유용하고도 풍부한 자료라 할 수 있다. 이미 1952년 윌리엄 서머싯 몸(William Somerset Maugham)이 추리소설이 향후 사회사가들에게 매우 귀한 자료로 활용될 것이라고 예견한 바 있고,[6] 콜린 왓슨(Colin Watson)은 역사가들의 과제란 추리소설처럼 대중적인 작품에서 사람들의 가치관과 태도를 발견하는 일이라고 주장하기도 했다.[7] 왓슨의 주장은 '대중'에 천착해왔으면서도 정작 대중의 기호에는 무심했던 학계의 엘리트주의에 경종을 울리는 말이다. 그런 맥락에서 보자면 이 작업은 'B급 문학'을 역사연구의 소재로 활용해보는 모험적 시도라는 의미가 있다. 그래서 이 책이 20세기 영국의 역사, 특히 전간기(戰間期, 제1차 세계대전 종결 후부터 제2차 세계대전 발발까지의 시기)의 사회와 문화를 이해하는 데 조금이나마 도움이 된다면 역사가로서 아주 기쁠 것이다.

책을 쓰려고 마음먹었을 즈음 미국에서 슬픈 소식이 날아왔다. 내 친구 마이클의 갑작스러운 죽음이었다. 1990년 3월 대학원 세미나에서 처음 만난 후 30년 넘게 한결같은 우정을 나눠온 제일 친한 친구다. 대학원 시절 늘 붙어 다녔던 것은 물론 런던에서 리서치를 할 때도 함께 지냈고, 내가 귀국한 후에는 그의 가족과 우리 가족이 서로 미국과 한국에 있는 또 하나의 가족이 되었다. 그랬던 친구에게 나는 짧은 작별 인사조차 하지 못했다. 게다가 미국의 코로나19 규제 조치 때문에 제대로 된 장례식조차 치러지지 못했다.

마이클을 다시 볼 수 없다는 게 아직도 실감 나지 않는다. 하지만 한 가지는 분명하다. 내 친구가 이 책을 본다면 뜬금없이 웬 애거서 크리스티냐고 했을 것이다. 너는 원래 레이먼드 챈들러를 더 좋아하지 않았냐고 짓궂게 웃으면서 말이다. 우리는 한 번도 싸운 적이 없었지만, 그 대신 우리에게 화두는 언제나 '기발한 유머 감각(crazy sense of humor)'이었다. 내 오랜 벗 마이클에게 이 책을 바친다.

2021년 8월

설혜심

차례

■ **일러두기**

1. 애거서 크리스티 작품의 한글 제목은 해문출판사에서 출간한 전집의 제목을 그대로 사용했다. 책등이 빨간색이어서 '빨간책'이라 불리던 전집에 대한 추억을 간직한 독자들을 위해서다. 다만, 외국 인명·지명 등은 국립국어원 외래어 표기법에 따랐다.

2. 본문에 나오는 애거서 크리스티 작품의 내용과 인용문은 모두 영어판 원문을 번역했음을 밝혀둔다. 인용문 출처에는 작품의 쪽수 대신 챕터 번호를 표기했다. 애거서 크리스티 작품의 영어판 원문은 대부분 〈Internet Archive〉가 제공하는 Agatha Christie Text 타이프스크립트를 참조했는데, 쪽수 표시가 되어있지 않아서 부득이 챕터 표기에 만족할 수밖에 없었다. 크리스티의 작품은 각 챕터가 상당히 짧으므로 필요한 경우 쉽게 찾아볼 수 있을 것이다.

3. 외국 인명을 한글로 표기할 때 처음 나오는 곳에 이름 전체(full-name)를 명기해주고 이후에는 성(last name)만을 표기하는 방식이 일반적이다. 그런데 나는 이 책에서 때로는 성을, 때로는 이름(first name)을 썼다. 특히 애거서 크리스티는 본문 전체에서 '애거서'로 부르는데, 작가에게 느끼는 나의 친밀감을 표현하기 위해서다. 성을 표기할 때도 예외적인 경우가 있다. 예를 들어 아서 코넌 도일의 성은 도일이지만 '코넌 도일'로 표기했다. 본인이 그렇게 써주기를 희망했다고 알려지기 때문이다. 또 셜록 홈스는 독자의 이해를 돕기 위해 홈스라 부르지 않고 전체 이름인 '셜록 홈스'를 썼다.

"이혼을 위한 조사 같은 일은
하지 않습니다"

1

탐정

보어전쟁으로 국민 영웅으로 떠오른 로버트 베이든 파월(Robert Baden-Powell)은 전쟁을 겪으며 향후 영제국을 지켜낼 인재양성이 절실하다고 판단했다. 그래서 만들어낸 것이 보이스카우트와 걸스카우트다. 그가 쓴 스카우트 매뉴얼《소년을 위한 정찰 활동(Scouting for Boys)》(1908)은 엄청난 베스트셀러가 되었다. 그 책에서 베이든 파월은 영국 남성성의 핵심을 설파하면서 이상적인 영국인으로 탐정 셜록 홈스를 꼽았다.[1] 그런데 제1차 세계대전이 끝난 뒤 셜록 홈스와는 전혀 다른 탐정이 나타났다. 바로 에르퀼 푸아로다.

푸아로는 우선 영국인이 아닌 벨기에인, 즉 외국인이다. 셜록 홈스가 길고 야윈 얼굴에 날카롭고 예리한 인상을 준다면 푸아로는 달걀 모양의 머리에 5피트 5인치(약 165센티미터)의 키, 이상하게 살이 찐, "희극에 나오는 이발사 같은 모습"이다.[2] 게다가 맛있는 음식에 탐닉하고 아침부터 초콜릿을 마시는 등 유별난 식습관을 자랑한다. 어디 그뿐이랴. '옷차림에 지나치게 신경 쓴 것처럼 보이면 안 된다'[3]는 영국 상류계급의 계율을 무시하기라도 하듯 먼지 하나 없는 구두, 각 잡힌 고급 슈트와 스카프, 예술적으로 다듬은 수염을 고집한다.

푸아로는 네모난 것을 좋아하고 언제나 강박적으로 정리정돈에 집착하는 별난 성격까지 갖추었다. 즉, 강건하고 완벽한 듯 보이는 영웅 셜록 홈스에 비해 어딘가 이상하고 결점투성이인 존재다. 이쯤 되면 애거서 크리스티가 일부러 셜록 홈스와 정반대의 인물, 일종의 반영웅(反英雄, anti-hero)을 만들어낸 것이 아닌가 하는 생각이 든다.

내 탐정이 벨기에인이면 안 될 이유가 없지 않은가?

애거서는 18세 때 처음 소설을 쓰기 시작했다. 첫 작품은 단편《아름다움의 집(The House of Beauty)》이었고, 이후 장편에 도전했다. 이집트 카이로에 머물던 경험을 바탕으로 한 로맨스 소설《사막에 내리는 눈(Snow Upon the Desert)》이 바로 그것이다. 그 작품을 모노실라바(Monosyllaba, 단음절을 뜻하는 'monosyllabic'과 흡사하다)라는 다소 생뚱맞은 필명으로 여러 출판사에 보냈으나 모두 거절당했다. 상심한 딸이 안쓰러웠던 어머니는 마침 이웃에 살던 유명한 소설가 이든 필포츠(Eden Phillpotts, 1862~1960)에게 조언을 구했다.[4]《어둠의 소리》,《빨강 머리 레드 메인즈》 등 다트무어를 무대로 삼은 기괴하고 으스스한 소설을 쓴 바로 그 사람이다.

필포츠는 작품에 대화를 많이 사용하는 애거서의 독특성은 칭찬했지만, 전반적으로 너무 도덕적이고 교훈적이라면서 그런 내용을 다 뺄 것을 권유했다. 그러면서 휴스 매시(Hughes Massie)라는 출판 에이전트를 소개해주었는데, 매시는 애거서의 작품을 단칼에 거절하며 차라리 새로운 작품을 써보라고 했다.[5] 아마도 이때 애거서가 로맨스 소설을 포기하고 다른 장르로 전환하려고 마음먹지 않았을까 싶다. 어찌 되었건 애거서는 필포츠에 대한 고마움을 잊지 않았던 듯하다. 훗날《엔드하우스의 비극》(1932)을 그에게 헌정했으니 말이다.

《사막에 내리는 눈》은 결국 출판되지 못했는데, 애거서는 뒤끝을 발휘해서 거의 20년이나 지난 후에《나일강의 죽음》(1937)을 통해 그 작품을 살려냈다. 오터번 부인이 향토색을 입히려고 이집트까지 와서 집필한다는 책의 제목이《사막의 얼굴 위의 눈(Snow on The Desert's Face)》이었던 것이다.[6] 아무리 소설 속 패러디라 할지라도 작품의 제목으로는 상당히 유치하다. 아마도 애거서가 나름의 유머 감각을 발휘한 때문이리라.

애거서는 원래 추리소설의 열렬한 독자였다. 그녀가 어렸을 때 영국에서 추리소설은 '읽을거리'로서 확실하게 자리매김을 한 상태였다. 1890년대 중반 영국에서는 약 800종의 주간지가 발행되었는데, 그 가운데 무려 240종에 달하는 잡지들이 다양한 형태의 '추리물'을 싣고 있었다.[7] 물론 가장 유명한 것은《스트랜드 매거진(The Strand Magazine)》에 연재되던 셜록 홈스 시리즈였다. 언니 매지가 애거서를 셜록 홈스의 세계로 인도해주었는데 애거서는 곧 그 멋진 탐정의 열성적인 팬이 되었다. 그 후 얼마 되지 않아 애거서는 모리스 르블랑(Maurice Leblanc)의 아르센 뤼팽 시리즈와 폴 백(Paul Beck)의《마크 휴잇의 연대기(The Chronicles of Mark Hewitt)》, 가스통 르루(Gaston Leroux)의《노란 방의 비밀(Le Mystère de la chambre jaune)》을 만나게 되었다.

애거서는《노란 방의 비밀》을 읽고 나서 추리소설을 쓰겠다고 마음먹었다.[8] 르루가 신예라는 사실이 애거서에게 도전의식을 불러일

젊은 시절의 애거서 크리스티(1926년)

어렸을 때부터 유난히 책 읽기를 좋아한 크리스티는 18세에 처음 글을 쓰기 시작했다. 오늘날 추리 소설의 여왕이라 불리는 그녀의 첫 장편은 로맨스 소설이었다. 그러나 출판 에이전트에게 원고를 거절당한 후 다른 장르에 도전하게 된다. (출처: 위키미디어 커먼즈)

으켰을지도 모른다. 하지만 애거서가 진짜 의식했던 상대는 코넌 도일(Arthur Conan Doyle, 1859~1930), 아니 셜록 홈스였던 것으로 보인다. 그 사실은 애거서의 첫 작품《스타일즈 저택의 죽음》에서 여실히 드러난다.

스타일즈 저택을 방문한 푸아로와 아서 헤이스팅스는 잉글소프 노부인의 며느리 메리 캐번디시와 가벼운 대화를 나눈다. 전쟁터에서 입은 부상으로 고국에 송환된 헤이스팅스는 일시적인 실직상태에 놓여 있었다. 메리는 헤이스팅스에게 진짜 하고 싶은 일이 무엇이냐고 묻는다. 헤이스팅스는 자기는 언제나 탐정이 되고 싶었다고 대답한다. 이때 메리는 "런던 경시청의 진짜 형사요? 아니면 셜록 홈스 같은 사립탐정 말인가요?"라고 묻는다. 헤이스팅스는 셜록 홈스 같은 탐정이 되고 싶다고 대답한다. 그러고는 벨기에에서 우연한 기회에 유명한 탐정을 만났는데, 그 사람이 자신의 욕망에 불을 지폈다고 덧붙였다.[9] 이 대화에서 나는 푸아로를 셜록 홈스 같은 레벨에 위치시키려는 애거서의 야심을 읽는다.

그렇다면 왜 하필 벨기에인일까?《스타일즈 저택의 죽음》에서 잉글소프 노부인은 영국으로 망명한 일곱 명의 벨기에인을 친절하게 보살펴주고 있다. 그중 한 명이 푸아로다. 이와 관련해서 애거서는 푸아로를 창조하던 당시를 회고한 적이 있다. 그때까지 자신이 진심으로 감탄했던 탐정은 셜록 홈스가 유일했지만, 감히 경쟁할 엄두가 나지 않았다. 하지만 다른 탐정들은 자기 취향에 맞지 않았고, 무엇보다 지금까지 한 번도 본 적이 없는 캐릭터를 만들어야 한다고 생각했다는 것이다.

그러다가 근처에 살고 있던 벨기에 난민 집단이 생각났다. "내 탐정이 벨기에인이면 안 될 이유가 없지 않은가?"라고 생각하며 은퇴한 경찰을 떠올렸다. 푸아로가 평생의 시리즈가 될 줄 전혀 몰랐던 애거서는 애초에 푸아로를 너무 나이 들게 설정했다며 두고두고 후회했다. "지금쯤 푸아로는 100세도 넘었을 거야"라면서 말이다.[10]

애거서네 마을 사람들은 모두 동정심을 가지고 벨기에 난민들을 친절하게 보살펴주었다. 하지만 그들은 그다지 고마워하는 것 같지 않았고 오히려 이것저것 불평을 늘어놓기 일쑤였다.[11] 그런 모습을 본 탓에 애거서가 푸아로를 까탈스러운 캐릭터로 설정하지 않았나 싶다. 그런데 신기하게도 '벨기에 사람'인 푸아로는 영국 독자들에게 별다른 거부감 없이 받아들여졌다. 아마도 벨기에의 존재감이 약했던 탓이리라. 실제로 어떤 학자는 당시 대중의 상상력 속에 벨기에는 "무시해도 좋을 만한 그저 통과하는 나라"였다고 설명한다.[12] 종종 프랑스인으로 오해받았던 푸아로가 자신이 벨기에인이라고 밝히기만 하면 언제나 별다른 문제 없이 넘어갔던 것처럼 말이다.

이처럼 벨기에는 영국과 달리 분명한 국가적 특성이 없는 나라로 알려진다. 그래서인지 푸아로가 "우리 벨기에에서는 말이야"라는 식으로 말하는 것을 들은 적이 없다. 오히려 벨기에는 다양한 역사적 경험과 정치체제의 복합성이 특징인데, 그런 것들이 푸아로로 하여금 영국인들보다 훨씬 유연한 감각을 발휘할 수 있게 만들었다. 실제로 푸아로는 종종 헤이스팅스의 '영국인 근성'을 꼬집기도 하고, 보통 영국 남성들이 지니지 않은 세심함을 발휘해서 숨겨진 단서를 포착해내기도 한다. 그런데 전반적으로 영국적 특성에 맞서기보다는 영국의 문화를 존중하고 아주 잘 '동화'된 사람으로 그려지기 때문에 푸아로의 실체가 '외국인으로 위장한 영국인'이라고 보는 학자들도 있다.[13]

셜록 홈스가 떠오르는 모양이죠?

나는 다른 사람의 트릭을 훔치는 일 따위는 하지 않습니다.

다시 셜록 홈스로 돌아가자. 애거서는 여러 작품에서 잊을 만하면 셜록 홈스를 소환하곤 했다. 《침니스의 비밀》에서 앤서니 케이드가 시체의 신원을 곧바로 알아차리자 버지니아는 놀라워하며 "어머나! 당신 셜록 홈스 아니에요?"라고 묻는다.[14] 《메소포타미아의 죽음》에서 에이미 레서런은 푸아로를 처음 본 순간 '셜록 홈스와 전혀 다르다'는 사실에 충격을 받는다. 작고, 뚱뚱하고, 달걀 모양의 머리에 거대한 콧수염을 기른 우스꽝스러운 모습이었기 때문이다.[15] 그런데 어느 순간부터 푸아로는 스스로 나서서 셜록 홈스를 언급하고, 심지어 자신이 셜록 홈스와 다르다는 점을 강조하기 시작한다. 《테이블 위의 카드》(1936)에서는 로버츠 박사를 향해 "셜록 홈스가 떠오르는 모양이죠? …… 나는 다른 사람의 트릭을 훔치는 일 따위는 하지 않습니다"라고 응수하는 식으로 말이다.[16]

그 무렵 푸아로는 심지어 셜록 홈스의 그 유명한 추리 능력에 대해 깐족거리기까지 한다. 《ABC 살인사건》(1936)에서 범인이 누구냐고 묻는 헤이스팅스에게 푸아로가 "범인은 중간 키에 붉은 머리, 그리고 왼쪽 눈이 사팔뜨기인 남자야. 오른 다리를 살짝 절고 어깨뼈

바로 아래 점이 있어"라고 대답하는 대목을 보자. 물론 그것은 농담이었고 푸아로는 범인에 대해 전혀 감을 잡을 수 없었던 상태였다. 헤이스팅스가 범인이 실마리라도 남겨두었으면 좋았을 것이라고 웅얼거리자 푸아로는 "아하, 실마리! 실마리!" 하면서 실마리 하나로 모든 것을 밝혀내는 이른바 '셜록 홈스식 추리법'을 비웃는다.[17]

《서재의 시체》가 발표된 1942년쯤에는 애거서가 자기도 남부럽지 않은 성공적인 작가라는 확신을 지니게 된 듯하다. 하퍼 총경과 마주친 아홉 살짜리 꼬마 피터 카모디는 수사에 끼어들고 싶어한다. 자신이 추리소설의 열렬한 독자라고 밝히며 "도러시 세이어스랑 애거서 크리스티, 딕슨 카(John Dickson Carr), 그리고 H. C. 베일리(H. C. Bailey)의 친필사인도 가지고 있는걸요"라고 자랑하면서 말이다.[18] 셜록 홈스나 코넌 도일은 사라지고 대신 다른 작가들의 이름이 등장한다. 아마도 애거서가 당시 자신과 경쟁하고 있다고 생각한 작가들의 목록일 것이다.

실제로 애거서의 소설에서는 G. K. 체스터턴(G. K. Chesterton), 필립스 오펜하임(Phillips Oppenheim), 윌리엄 르 큐(William Le Que) 등 여러 추리작가의 이름을 자주 접할 수 있다. 경쟁자를 굳이 자기 작품에 언급하는 일은 매우 흥미로운 현상이 아닐 수 없다. 그런데 마틴 프리스트먼(Martin Priestman)은 20세기 초중반 추리작가들이 마치 유행처럼 다른 추리작가들을 언급하곤 했다면서 그런 경향을 '셀프 패러디(Self-Parody)'라고 명명했다.[19] 푸아로가 셜록 홈스를 언급했듯이 유명한 작가나 탐정을 끌어옴으로써 장르적인 정체성을 확보했다는 것이다.

그런데 애거서는 단순히 유행을 따르거나 장르를 규정하려는 차원이 아니라 다른 작가들의 작품을 읽으며 치열하게 공부했던 것 같다. 그래서《목사관 살인사건》에서 마플이 범죄 해결에 도움이 될까 하여 "도서관에서 미국 추리소설을 많이 빌려와 읽었다"라고 말하는 대목은 아주 시사적이다.[20] 심지어《4개의 시계》(1963)에서는 애거서가 추리작가들을 분석하는 일종의 '학술적' 작업을 해왔음을 암시하는 대목도 있다. 푸아로가 지난 60년 동안 나온 엄청난 양의 스릴러 작품들을 분석하고 있었다는 부분 말이다. 푸아로는 짖어야 하는 개가 안 짖으면 '셜록 홈스 방식', 밀실 살인은 '딕슨 카 류'라는 식으로 분류했다. 올리버 부인도 언급했지만 그녀를 어떻게 분류할 것인지에 대해서는 말을 아꼈다. 그러면서 푸아로는 "이번 사건은 말하자면 체스터턴 식의 정반대란 말이오"라고 규정했다.[21]

푸아로의 추리물 분석은《매그넘 오퍼스(Magnum Opus)》라는 제목의 작품으로 완성되었다. 애거서는《세 번째 여자》(1966)의 도입부에서 굳이 그 사실을 독자들에게 알리는 친절을 보여준다.《매그넘 오퍼스》에서 푸아로는 에드거 앨런 포(Edgar Alien Poe)를 통렬하게 비판했고, 윌키 콜린스(Wilkie Collins)에 대해서는 낭만적인 표현 부분에서 그 방식과 체계가 엉망이라면서 불평을 늘어놓았다. 하지만 거의 알려지지 않은 미국 작가 두 명에 대해서는 극찬을 아끼지 않았다. 푸아로는 "이 작품을 쓰려고 엄청나게 많은 책을 읽었으며, 마음에 들지 않는 책은 코웃음을 치고 마룻바닥에 내동댕이치면서 즐거워했다."[22] 애거서가 자기 모습을 고대로 적었다는 느낌이 확 들지 않는가.

마플은 생계를 위해 일하는 사람도 아니고
결혼을 원하거나 심지어 로맨스를 꿈꾸지도 않는다.

푸아로와 달리 마플은 책을 집필하는 일 따위는 하지 않았다. 그저 여기저기 기웃거리며 소문을 듣고 나름 퍼즐을 맞춘 뒤 수줍은 태도로 범인을 지목해낸다. 마플처럼 독특한 여성 탐정 캐릭터가 창조된 계기는 놀랍게도 《애크로이드 살인사건》이었다. 애거서는 그 작품에 나오는 셰퍼드 의사의 누나 캐롤라인을 묘사하는 과정에서 큰 즐거움을 느꼈다고 한다. 호기심에 가득 차 주변의 모든 것을 듣고, 모든 것을 알려 하는 성미 까다로운 독신녀 캐릭터 말이다.[23] 그런데 마플은 캐롤라인보다 훨씬 나이가 많은, 중상류층의 하단부에 속하는 노처녀 캐릭터로 설정되었다. 캐롤라인보다 온화하지만 아주 노회하고, 점잖으면서도 깐깐한 '빅토리아 시대'의 정서를 고수하는 인물이다.

제인 마플이 처음 등장한 것은 1927년에 쓴 단편들에서였고, 1930년 《목사관 살인사건》으로 정식 데뷔했다. 사실 그녀의 모델이 누구인가를 둘러싸고 논란이 있었는데, 애거서는 훗날 《애거서 크리스티 자서전》(이하 《자서전》)을 통해 일링(Ealing)에 살던 이모할머니의 친구들을 보고 만들었다고 밝힘으로써 그 혼란을 깔끔하게 정리했다. 마플은 실제 이모할머니와는 완전히 달랐지만 애거서는 그녀에게 이모할머니의 특성 한 가지를 '선물'했다. 소름 끼치도록 정확한 예측 능력 말이다.[24]

'노처녀'인 마플은 결혼과 자녀 등으로 대표되는 가부장제의 견고

한 울타리 바깥에 있는 존재다. 게다가 마플이 즐기는 탐정 노릇은 남성 중심의 가부장제 사회에서는 예외적이라 할 만한 일이었다. 그래서 학자들은 마플이 당대의 전형적인 젠더 역할에 도전했다고 해석하기도 한다.[25] 물론 이미 1880년대부터 영국과 미국 추리소설에서 여성 탐정이 가끔 등장하기는 했다. 하지만 초창기 여성 탐정은 대개 가정 바깥으로 나가 일해야만 하는 자신의 처지를 한탄하며 간절하게 결혼을 욕망하는 인물로 그려졌다. 그래서 소설은 보통 여성 탐정이 결혼으로 행복을 찾으면서 마무리되곤 했고, 그런 결론은 전통적인 가부장적 질서를 회복하는 것이었다.[26]

그런데 마플은 생계를 위해 일하는 사람도 아니고 결혼을 원하거나 심지어 로맨스를 꿈꾸지도 않는다. 대신 아주 이성적이고 합리적이며, '여성적 직관과 감정'을 내세워 인간의 심리를 파헤치고 상황을 꿰뚫어 본다. 《목사관 살인사건》에 나오는 간결한 말인 "앤 프로더로 같은 여자는 절대 그렇게 하지 않아요"처럼 말이다.[27] 게다가 마플은 그냥 넘어갈 수 있는 평범한 사물이나 상황을 '낯설게' 봄으로써 중요한 단서를 찾아낸다.[28] 예를 들자면 《서재의 시체》에서 손톱 같은 것 말이다.[29] 아무도 주목하지 않았지만 마플이 보기에 이로 깨문 흔적이 있는 그 손톱은 댄서의 손톱치고는 너무 짧았다. 《잠자는 살인》에서도 마찬가지다. 사라진 여성은 가방을 꾸리면서 드레스와 전혀 어울리지 않는 속옷, 신발, 액세서리를 챙겨갔다. 이것은 자주 여행하고 짐을 꾸려본 여성만이 포착할 수 있는 단서다.[30]

마플을 창조해낼 당시 애거서는 마플이 푸아로의 경쟁 상대가 되리라고는 전혀 상상하지 못했다고 한다. 그런데 마플이 큰 사랑을 받게 되었고 독자들은 끊임없이 푸아로와 마플을 만나게 해달라고 요구했다. 애거서는 결코 그럴 마음이 없었다고 한다. 그 두 사람이 서로 만나는 것을 절대로 좋아하지 않을 것이라고 단언하면서 말이다. 그리고 푸아로와 마플이 각자 나름대로 스타이므로 자신은 그 사실을 존중할 것이라고 덧붙였다.[31] 이 말에서는 두 명이나 되는 스타 탐정을 배출했다는 은근한 자부심이 느껴진다.

그 자부심에는 분명한 근거가 있다. 영국에서는 전간기를 '추리소설의 황금기(The Golden Age of detective fiction)'로 보는데, 이 황금기를 이끌었던 대표주자로 세 명의 여성 작가, 즉 애거서 크리스티, 마저리 앨링엄(Margery Allingham, 1904~1966), 도러시 세이어스(Dorothy Sayers, 1893~1957)를 꼽는다. 앨링엄은 앨버트 캠피언이라는 탐정을 내세웠고, 세이어스는 피터 윔지 경 시리즈로 널리 알려져 있다.[32] 애거서는 이미 푸아로와 마플이라는 두 명의 대표선수를 데리고 있었다.

사람들에게 흥분되는 삶을 살고 있다는
환상을 주기 때문이겠죠.

이처럼 여성 작가들이 큰 인기를 끌게 된 것은 추리소설의 황금기가 곧 '셜록 홈스와 결별한 순간'이기 때문이었다.[33] 전쟁의 폐허 속에서 심신이 망가진 남성들에게 셜록 홈스 같은 완벽한 영웅상을 대입할 수는 없었다. 그래서 이젠 거친 바깥세상이 아니라 안락한 가정을 무대로 삼아 차갑고 논리적인 남성성보다는 섬세하고 부드러운 여성성을 내세우는 '코지(cozy) 미스터리'물이 인기를 끌게 되었다. 이런 추리물은 좀 덜 폭력적인 방식들을 택하기 마련이어서 유혈이 낭자하는 살인보다는 깔끔한 독살을 선호하는 현상이 나타나기도 했다.[34] 물론 레이먼드 챈들러 같은 하드보일드 작가들은 이런 '소프트보일드(soft-boiled)' 작품들이 현실성이라고는 손톱만치도 찾아볼 수 없는, 지나치게 '인위적'인 추리물이라고 가혹하게 비판했지만 말이다.[35]

《푸른 열차의 죽음》에는 황금기 추리소설의 지향점이 분명하게 드러난 대목이 있다. 푸아로는 기차에서 만난 캐서린 그레이가 추리소설을 읽고 있는 모습을 보면서 "그런 책이 왜 잘 팔릴까요?"라고 묻는다. 캐서린은 "사람들에게 흥분되는 삶을 살고 있다는 환상을 주기 때문이겠죠"라고 대답한다.[36] 실제로 이 시대의 추리물은 전쟁 후 피폐해진 일상에서 벗어나는 듯한 환상을 주었다. 범인을 추리하는 일이 '지성을 간지럽히는 깃털과 같은 자극'을 주었는가 하면, 거의 모든 범죄가 탐정의 뛰어난 추리로 깔끔하게 종결됨으로써 독자들에게 일종의 카타르시스를 제공했다. 특히 소프트보일드 추리물은 선인과 악인을 선명하게 구별하는 경향이 있는데, 악인을 찾아 처벌하는 결말은 혼탁한 사회에서 종국적으로 도덕성이 회복된다는 심리적 안정감을 주었다.[37]

게다가 애거서 작품은 영국의 사법체계를 옹호한다. 미국의 하드보일드 소설은 흔히 부패한 경찰에 맞서 싸우는 정의로운 탐정을 내세우지만 애거서의 탐정들은 경찰과 아주 우호적인 관계를 맺고 있다. 푸아로와 제프 경감, 마플과 헨리 클리더링 경, 나아가 크래독 경감과의 관계를 보자. 비록 경찰이 두 탐정보다 지적 능력에서 조금 떨어지는 것으로 그려지곤 하지만, 두 탐정은 마지막에 항상 범인을 경찰의 손에 넘겨줌으로써 그들의 체면을 세워준다. 대놓고 경찰을 무시하고 조롱했던 셜록 홈스와는 사뭇 다른 양상이다.[38] 이처럼 애거서가 소설에서 경찰을 등장시키는 것은 '공적인 사법체계'의 존재감을 가시화하는 효과를 가져온다. 나아가 경찰이 정직하고 열심히 일하는 사람들이라는 믿음을 줌으로써 그 시스템을 강화한다.[39]

아마추어 탐정 마플은 결코 금전적인 이익을 위해 사건을 해결하지 않았다. 그렇다면 전문 사립탐정이었던 푸아로는 실제 탐정과 얼마나 흡사할까? 경찰이나 탐정과 흡사한 기능을 하는 직종은 최소한 중세 때부터 존재했다. 그런데 도시가 커지고 범죄가 늘어나면서 '수사능력'이 절실해지자 1842년 런던 경시청에 수사를 담당하는 수사국(detective department, plain cloth branch라고도 불린다)이 설치되었다.[40] 이 전문부서의 형사들이 형사사건을 독점해감에 따라 사립탐정의 입지가 현격히 좁아졌다. 물론 그 당시 형사들은 '정부가 후원하는 스파이'라는 인식 때문에 세간에서 환영받지 못했고, 넘쳐나는 사건을 해결할 만큼의 역량도 갖추지 못했다. 결국 영국 정부는 〈혼인사건법(Matrimonial Causes Act)〉(1857)을 통해 사립탐정에게 이혼 사건의 수사권을 부여하게 된다.[41]

경찰과 사립탐정이 하는 일은 비슷했지만, 경찰과 달리 탐정은 주로 피고를 위해 일한다는 점에서 두 집단은 정반대의 위치에 놓여 있다. 하지만 사립탐정의 많은 수가 전직 경찰이기 때문에 '인맥(old boy network)'을 이용해 정보를 주고받는 등, 두 집단은 비공식적인 협

력관계이다. 사립탐정은 주로 이혼소송을 위한 정보수집, 사기 관련 조사를 맡았는데 점차 공장과 노동조합에서 요구하는 감시 활동과 보험회사가 의뢰하는 보험사기 조사 등으로 활동 범위를 넓혔다. 최근에는 온라인을 이용한 정보수집과 조사가 폭발적으로 늘었고, 기업에 고용되어 마약을 사용하는 직원을 색출하기도 한다. 미국에서는 1993년부터 42개 주에서 사립탐정 면허제도를 시행했지만, 영국에서는 사립탐정이 되는 데 아무런 훈련이나 자격증이 필요하지 않다. 다른 여느 작은 사업체나 마찬가지로 등록만 하면 누구나 사립탐정이 될 수 있다.[42]

《13인의 만찬》에서 유명한 여배우 제인 윌킨슨이 푸아로에게 남편을 몰아내는 일을 도와달라고 하자, 푸아로는 "나는 이혼을 위한 조사 같은 일은 하지 않습니다"라고 딱 잘라 말한다. 고상하지 않다는 이유에서였다.[43] 당시 상류사회에서 실제 탐정들이 맡았던 주 업무가 이혼소송을 위한 뒷조사였음을 생각해보면 푸아로는 현실에서는 찾기 힘든, 그야말로 '소설 속의 탐정'일 뿐이다.

"집, 신이시여 집을 축복하소서!"

2

집

애거서의 작품에는 유달리 집이 많이 나온다. 스타일즈, 할로, 침니스, 엔드하우스처럼 아예 제목에 집을 내세운 작품도 많고, 살인의 동기를 찾을 때도 집을 물려받고자 하는 욕망이 중요한 요인으로 작용한다. 애거서의 자서전은 어린 시절을 보낸 집 '애슈필드(Ashfield)'로 시작해서 애슈필드로 끝맺으며 집에 관련된 내용을 아주 많이 담고 있다. 사실 애거서는 오늘날의 기준에서 볼 때 '부동산 투기꾼'이라고 불러도 좋을 만큼 집을 많이 사고팔았던 사람이다. 《자서전》에 "집 보러 다니는 일은 언제나 내가 제일 좋아하는 취미다"라고 썼을 정도니 말 다 했다.[1]

애거서가 평생 마음의 고향으로 삼았던 애슈필드 저택은 애거서의 어머니가 사들인 것이었다. 어머니는 그저 한눈에 '이 집이다' 싶어서 그 저택을 샀다고 한다.[2] 미국에 정착할 계획이었던 아버지의 의견을 구하지도 않은 채 어머니 혼자 보고 결정했다. 《잠자는 살인》에는 바로 그 과정을 연상시키는 장면이 나온다. 뉴질랜드 출신 그웬다는 결혼하면서 처음으로 영국에 오게 되었는데 혼자서 집을 구하러 다니기 시작한다. 운전사가 딸린 자동차를 빌려 데번셔를 돌아

토키의 애슈필드 저택

애슈필드는 애거서의 어린 시절을 오롯이 담고 있는 곳이다. 어머니의 즉흥적인 결정으로 구입한 집이었지만, 애거서는 평생 애슈필드를 마음의 안식처로 여겼다. (출처: alchetron.com)

보다가 숲 사이로 '팔 집'이라는 푯말이 붙은 하얗고 아담한 빅토리아풍 별장을 보게 되었다. 그웬다는 곧바로 확신에 차서 흥분을 느꼈다. "이게 바로 내 집이다."[3]

집 보러 다니는 일은
언제나 내가 제일 좋아하는 취미다.

제1차 세계대전 중에 아치 크리스티(Archibald Christie, 1889~1962)와 결혼한 애거서는 공군성에 근무하게 된 남편을 따라 런던으로 이주했다. 1918년 런던 한가운데에 있는 세인트 존스 우드의 자그마한 플랫(Flat)에 세를 얻어 신혼생활을 시작했다. 1년 후 딸 로절린드(Rosalind)가 태어나고 전쟁이 끝나자 평생 자신이 소유할 집을 구하기로 마음먹는다. 엄청나게 많은 아파트를 보러 다니고, 작은 집을 사고파는 일을 거듭한 끝에 1920년 런던 남서쪽 버크셔주 서닝데일에 있는 커다란 빅토리아식 건물인 스코츠우드(Scotswood)를 사들였다. 주택담보대출을 받아서 가능했던 일이었다.

애거서는 남편 아치의 제안을 받아들여 그 집을 '스타일즈(Styles)'로 개명해 부르기로 했다. 《스타일즈 저택의 죽음》(1920)이 가져온 행운을 기념하고자 붙인 것이었다. 하지만 스타일즈는 '액운이 낀' 집이었다. 처음 집을 보러 갔을 때 애거서는 이미 전 주인들이 비극적인 운명을 맞았다는 이야기를 들었었다.[4] 새집으로 이사하고 채 1년도 되지 않았을 때 애거서는 자신에게도 액운이 닥쳤음을 알게 되었다. 정신적 지주였던 어머니가 돌아가신 데다 남편이 다른 여자와 사랑에 빠졌다며 집을 나가버린 것이다. 1926년 그 유명한 애거서의 실종사건이 일어난 곳도 스타일즈였다. 이 무슨 우연일까. 《스타일즈 저택의 죽음》에서도 남편이 아내를 배신하지 않았던가. 집의 이름을 잘못 붙인 것은 아니었는지.

하지만 집에 대한 애거서의 열정은 오히려 더욱 솟구쳤다. 아치와의 이혼이 완전히 마무리된 뒤 그녀는 런던의 첼시(Chelsea) 지구에 온전히 자신 명의로 집을 샀다. 그리고 그 이후에도 끊임없이 집을 보러 다녔다. 심지어 두 번째 남편이자 고고학자였던 맥스 맬로원(Max Mallowan, 1904~1978)의 고고학 발굴작업에 동행해서 그리스나 서아시아에 갔을 때도 언젠가는 그곳에 집을 짓겠다는 희망을 갖고 땅을 보러 다녔다. 애거서 스스로가 고백했듯이 그녀는 "집에 중독되었다 싶었을 정도로 낡은 집을 사서 고치고 실내를 장식하고 가구를 들이고 되파는 일"에 몰두했다. 그 결과 제2차 세계대전 직전에는 런던에 무려 여덟 채나 되는 집을 소유하고 있었다. 전쟁이 터지자 그 집들 모두 전쟁피해보험에 가입해야 했기 때문에 큰 부담이 되었지만, 훗날 전부 큰 이익을 남기고 팔 수 있었다.[5]

집에 대한 애거서의 열정은 단순히 금전적인 욕망에서 비롯한 것이 아니었다. 애거서는 어린 시절 인형의 집을 아주 좋아했다. 열심히 저축한 돈으로 인형의 집에 놓을 가구나 소품을 사들였고, 작은 집이 가구들로 꽉 차자 인형의 집을 하나 더 사고 싶은 욕망에 불타올랐다. 어머니는 타협책으로 안 쓰는 식기장을 내주었는데, 그녀는 그것을 더 큰 인형의 집으로 개조해서 총 6층짜리 집을 만들었다. 애거서는 "취향이라는 것은 근본적으로 변할 수 없다는 것을 깨달았다"라고 고백한다. 어른이 되어서도 수많은 집을 사고, 고치고, 구조를 변경하고, 가구를 들여놓는 '집 놀이'를 해왔다는 것이다. 그리고 그런 일이 얼마나 즐거웠던지 "집, 신이시여 집을 축복하소서!"라고 외쳤다.[6]

> 독일인은 독일에, 로마인은 로마에, 튀르크인은 튀르크에 산다.
> 그러나 영국인은 집에 산다.

집에 대한 집착은 어쩌면 누구나 지닌 것인지도 모른다. 그래서 집을 소재로 한 애거서의 작품들이 독자들에게 공감대를 형성해 인기를 끌지 않았을까. 집이라는 모티브는 특히 영국인들에게 크게 어필했다고 알려진다. 그들은 실제로 집에 광적으로 집착하는 것으로 유명하다. 이만하면 우리에게 익숙한 격언인 '영국인에게 집은 성(城)이다'가 떠오를 것이다. 이 격언이 사생활을 중시하는 영국인의 방어적 성격을 말해주는 것이라면, 영국인들에게는 조금 다른 형태의 집에 대한 집착이 또 있다. 자기들이 발 딛는 곳 어디에나 집부터 짓고 보는 독특한 습성이 그것이다. 오죽하면 제러미 팩스먼(Jeremy Paxman)이 '영국인들에게 집은 조국의 대체재다'라는 말을 했을까.[7] 20세기 초에는 "독일인은 독일에 살고 로마인은 로마에 살고 튀르크인은 튀르크에 산다. 그러나 영국인은 집에 산다"라는 시가 나왔을 정도다.[8]

이런 특성 때문에 영국은 대항해 시대 이른바 '신대륙'을 발견한 유럽 국가들의 경쟁에서 최종 승리자가 될 수 있었다. 포르투갈이나 스페인, 프랑스인들은 새로운 땅을 '발견'하자마자 십자가를 세우고, 군주의 깃발을 게양하고, 구덩이를 파고, 나무를 베는 등 아주 정교한 소유권 선언 의식을 거행했다. 하지만 영국인들은 도착하자마자 먼저 집을 짓고 울타리를 쳐서 자기 영역을 분명하게 구획하기에 바빴다. 유럽의 어느 나라 정복자들도 하지 않았던 일이다. 그 집이 계속 남아 있고, 또 누군가 살고 있다면 그 땅에 대한 소유권은 영국인의 것이 되었다. 역사학자 패트리샤 시드(Patricia Seed)는 이런 영국인의 관행을 '놀라운 일상성'이라고 표현했다.[9]

나는 그 집을 사랑해요. 팔고 싶지 않아요.

애거서는 집을 오랜 수명을 지닌, 반드시 보존해야만 할 생명체처럼 묘사하곤 한다. 집은 주인공이 어떤 대가를 치르더라도 반드시 지켜내야 할 최고의 유산이다. 그런 애착을 강력한 모티브로 삼은 작품이 《엔드하우스의 비극》이다. 주인공 닉 버클리는 황폐해가는 엔드하우스를 지키려고 안간힘을 쓴다. 형편이 좋지 않았던 탓에 상속세를 내기 위해 그 집을 저당까지 잡혀야 했다. 닉은 "나는 그 집을 사랑해요. 팔고 싶지 않아요"라고 말한다.[10] 그녀의 사촌오빠이자 변호사인 찰스 바이스는 닉이 집에 대해 "광적인 애착(fanatical devotion)"을 가졌다고 비웃는다.[11] 하지만 닉이 절대 유별난 것은 아니다. 그녀는 조상 대대로 살아온 집조차 지키기 힘들게 된 영국 중상류층의 초상일 뿐이다.

푸아로는 아무리 낡아빠진 집일지라도 그것이 살인의 동기가 될 수 있다고 설명한다. 어떤 사람들은 금전적인 이익과는 관계없이 집 자체에 무한한 애정을 지니고 있으며 그것은 깊게 뿌리박힌 일종의 본능이라는 말이다. 푸아로는 "실제로 그런 본능이 살인으로 이어지는 사례를 본 적이 있다네"라고 말한다.[12] 이런 성향 탓인지 영국인들은 남의 집에도 관심이 많고 멋진 저택을 구경하러 다니는 것을 좋아한다. 《침니스의 비밀》이나 《복수의 여신》에 '영국의 유서 깊은 저택과 정원 관광 패키지'가 나오는 것은 지극히 자연스러운 일이다.

20세기에 접어들면서 영국의 저택 대부분은 집과 관련한 치솟는 세금과 유지비를 감당할 수 없었다. 내셔널 트러스트(National Trust)가 관심을 가질 만한 몇몇 유명한 저택을 제외하고 나머지 저택들은 숙박시설로 개조되거나 학교 같은 공공시설로 전환되는 운명을 피하기 어려웠다. 《장례식을 마치고》에도 그런 사례가 나온다. 리처드 애버네시가 죽자마자 곧 YWCA와 다른 청년단체에서 그의 저택을 구매하겠다고 나서는가 하면 재산관리를 맡은 신탁회사는 저택의 소장품을 옮겨둘 만한 장소를 물색한다.[13]

1962년 작품 《깨어진 거울》에서 애거서는 20년 전 《서재의 시체》(1942)의 무대였던 고싱턴 홀 저택을 다시 등장시킨다. 원래 주인인 밴트리 부부는 유지비를 감당하지 못했고 고싱턴 홀 저택은 영국 저택들이 겪던 운명의 소용돌이에 휩쓸리고 말았다. 처음 팔린 뒤 그 저택은 게스트하우스로 쓰였지만 운영에 실패했고, 그 후 네 사람이 공동명의로 매입했는데 으레 그렇듯이 공동소유자들 간의 분쟁으로 다시 시장에 나왔다. 보건성은 무엇에 쓸지도 정하지 않은 채 고싱

턴 홀 저택을 사들였다가 내버려두었는데 결국 영화배우 마리나 그레그의 손에 들어오게 된 것이었다.[14]

이런 변화는 주인이 바뀌는 것과 동시에 건물의 내부와 외관이 옛 모습을 잃는 것을 의미하기도 했다. 특히 제1, 2차 세계대전기에 큰 저택들은 군에 징발되어 병원이나 장교의 숙소로 사용되었고, 그 과정에서 무분별한 개조가 이루어졌다. 《쥐덫》에 등장하는 보일 부인을 보자. 그녀는 돌아갈 곳이 마땅치 않아 심기가 불편하다. 전쟁 중에 집이 군대에 징발되었는데, 전쟁이 끝나고 군인들이 철수했지만 그녀의 집은 완전히 망가져 있었다. 집으로 돌아가는 것이 아예 불가능해진 부인은 울분을 터트린다.[15] 이 에피소드에는 애거서의 실제 경험이 녹아 있다.

애거서는 어느 날 평생 마음의 고향이었던 애슈필드 저택을 포기하기로 했다. 저택 주변이 난개발로 복잡해지고 경관이 아예 망가져 버렸기 때문이다. 그 대신 근처 다트 강가에 자리한 아름다운 그린웨이 저택(Greenway House)을 사들였다. 그런데 이사하자마자 제2차 세계대전이 발발했고 해군본부는 곧바로 그린웨이를 접수하고 미국 해안경비대(U.S. Coastguard)의 숙소로 내주었다. 전쟁 후 집으로 돌아간 애거서는 미국인들이 세심하게 배려한 덕분에 집이 전혀 손상되지 않았다면서 미군을 칭찬했다. 하지만 마음고생을 하지 않은 것은 아니었다. 미군이 식료품 저장실 자리에 열네 개나 되는 화장실을 설치했기 때문이다. 애거서는 해군본부와 크게 싸움을 벌인 끝에야 화장실 철거 비용을 받아낼 수 있었다.[16]

그린웨이 저택에서 산책하는 애거서와 남편 맥스(위), 그린웨이의 보트 하우스(아래)

1938년 애거서와 맥스는 집 주변 경관에 반해 그린웨이 저택을 구입했다. 애거서는 1976년 사망할 때까지 이 집에서 살았다. 애거서는 자신의 경험과 익숙한 장소를 작품의 설정에 주로 사용했는데, 이 저택은 《ABC 살인사건》, 《히코리 디코리 살인》, 《0시를 향하여》 등에 등장한다. 《죽은 자의 어리석음》에서 첫 희생자가 발견되는 보트 하우스도 그린웨이에 실재하는 곳으로, 애거서는 종종 그곳에서 작품을 쓰기도 했다고 알려진다. (출처: alamy, 위키미디어 커먼즈)

진심으로 거기 살고 싶은 사람에게
그 집을 팔게 되어 기뻐요.

집에 애착이 강한 사람들은 어쩔 수 없이 저택을 팔게 되더라도 그곳이 다른 가족의 주거용으로 쓰이기를 간절히 바랐다.《삼나무 관》의 주인공도 그랬다. 헌터버리 저택을 물려받은 엘리노어 칼라일은 사랑을 잃고, 집도 처분할 수밖에 없었다. 하지만 "진심으로 거기 살고 싶은 사람에게 그 집을 팔게 되어 기뻐요"라고 말한다.[17] 그런데 주거용으로 팔린다 해도 새 주인은 같은 영국인이 아니라 돈 많은 미국인인 경우가 많았다. 영화로 만들어지면서 더욱 유명해진《남아 있는 나날(The Remains of the Day)》의 달링턴 홀(Darlington Hall)의 운명이 그렇다. 유럽 정상들이 중요한 회동을 했던 그 역사적 장소는 미국의 하원의원 잭 루이스(Jack Lewis)의 손에 넘어갔다.

집에 애착을 가지는 만큼 영국인들은 집에 관해 나름의 조예가 있다고 자부한다. 그래서인지 그들은 '비이성적으로' 부동산중개소를 싫어한다. 문화인류학자 케이트 폭스(Kate Fox)는 "영국 사람들 사이에는 언제나 부동산중개소를 조롱, 냉소, 비난, 모욕해야 한다는 불문율이 있다"라고 말한다.[18] 그래서 그들은 중개인의 말을 100퍼센트 믿지 않는다.《맥긴티 부인의 죽음》에는 부동산업자가 손님을 호도하는 트릭에 대해 늘어놓는 대목이 있다. 주변에 편의시설이 전혀 없는 외딴집이라면 오랜 전통을 강조하면서 배관은 언급하지 않고, 가스공장을 정면으로 마주한 집이라면 전망은 쏙 빼놓고 주변의 문화시설이며 설비의 편리함만을 강조하라는 것이다.[19]

《운명의 문》에서도 흡사한 예를 찾을 수 있다. 시골로 이사 온 터펜스는 이웃의 그리핀 부인과 부동산중개소에서 보내준 안내 책자를 보며 이야기를 나눈다. 두 사람은 이미 홍보 책자와 현실 사이의 괴리를 너무도 잘 알고 있다.

> 과거의 매력이 넘치는 저택이라는 것은 대개 새 지붕이 필요하거나 습기가 지독하다는 뜻이죠. '완전히 현대화'되었다는 말—무슨 뜻인지 아시죠—은 쓸데없는 것들이 여기저기 달려있고, 대부분이 그 끔찍한 집에서 바라보는 전망도 형편없다는 말이죠.[20]

그뿐만이 아니다. 영국인들은 집, 정원, 차고를 직접 고치고 꾸미기로 유명하다. DIY에 쓰는 1인당 지출이 유럽 어느 나라보다 많다.[21] 따라서 남에게 집수리를 맡기면 극도로 까다롭게 구는데, 집 꾸미는 게 평생의 취미였던 애거서가 더하면 더했지 절대로 덜하지 않았을 것이다. 《커튼》에는 그런 애거서의 성향을 아주 잘 보여주는 대목이 있다. 윌리엄 보이드 캐링턴 경은 집을 고치느라 잠시 스타일즈에 머물고 있었다. 그는 업자들이 무엇 하나 제대로 처리하지 않는다며 분노를 터트린다. "청부업자들이나 건축업자들 모두 목을 조르고 끌고 가서 사지를 잘라버리고 싶소이다"라면서 말이다.[22] 저 거친 표현이란! 애거서의 심경이 그대로 투영된 듯하다.

애거서는 큰돈이 필요할 때마다 가지고 있는 집을 팔아 아주 요긴하게 썼다. 그처럼 부동산으로 재미를 볼 수 있었던 것은 부동산 시장이 활성화되었기 때문이다. 제1차 세계대전이 끝날 때만 해도 영국 인구의 80퍼센트가 세입자였다. 1918년 총선거를 치르면서 영국 총리 데이비드 로이드 조지(David Lloyd George, 1863~1945)는 전쟁에서 돌아올 '영웅들이 살 만한 곳(land fit for heroes)'을 만들어놓겠다고 약속했다. 그 결과 1919년에 주택법(Housing Act)이 제정되었고 곧 대대적인 주택건설이 시작되었다. 대공황의 와중에도 은행이자율이 낮고 건축자재의 가격이 크게 하락하면서 주택의 공급가는 안정적으로 유지되었다.

1930년대 중반에는 매년 35만 채가 지어졌을 정도로 영국의 주택건설은 그 정점을 달리고 있었다. 하지만 제2차 세계대전이 터지고 독일군의 폭격으로 수많은 집이 파괴되면서 또다시 주택이 부족해지는 사태가 벌어졌다. 이에 영국 정부는 연간 25만 채의 공공주택을 건설해 보급하기 시작했다. 그 이전까지 민간 부문이 주택건설을 주도해왔던 반면, 이제는 정부가 나서서 일종의 공영주택(public housing)을 대량으로 건설하고 임대하게 되었다.

애거서는 이런 변화를 《깨어진 거울》(1962)의 도입부에서 그려낸 적이 있다. 마플이 세인트 메리 미드 마을의 변화를 반추하는 장면 말이다. 엄청난 주택건설 붐을 목격하면서 마플은 사실 집은 꼭 필요한 것이고, 새로 지은 집들이 아주 잘 지어졌다는 말을 들었다고 말한다.[23] 애거서가 주택건설 붐에 대해 호의적이었음이 느껴진다. 그런데 얼마 지나지 않아 공공주택을 지을 땅이 부족해졌다. 정부는 런던을 둘러싸고 그린벨트를 조성한 뒤 그 외곽에 신도시를 건설하는 식으로 주택의 수요를 충당해갔다.

《스타일즈 저택의 죽음》으로 추리소설에 데뷔한 애거서는 푸아로의 마지막을 장식하는 《커튼》에서 다시 스타일즈 저택을 등장시킨다. 그곳은 이제 '게스트하우스'로 불리고 있는데,[24] 푸아로에게는 일종의 요양원이나 마찬가지다. 그렇다면 애거서 자신의 집은 어떤 운명에 처하게 되었을까. 애거서가 애슈필드를 대신하여 사들인 그린웨이 저택은 오랫동안 애거서의 진짜 집 역할을 했다. 애거서는 그린웨이를 모티브로 삼아 《회상 속의 살인》, 《0시를 향하여》, 《죽은 자의 어리석음》 등을 썼다. 애거서는 오랫동안 그린웨이 근처에 있는 초등학교가 개최하는 작문경시대회에서 교열을 보고 심사위원을 맡아 봉사했다. 1976년 애거서가 죽은 뒤 딸 로절린드가 그린웨이에서 살았지만 결국 2000년 영국 내셔널 트러스트에 넘겨졌다. 요양원이나 호텔로 개조되지 않은 것은 다행이었을 것이다. 하지만 애거서가 희망했던 '집의 운명'으로 볼 때 최선의 행로는 아니었으리라.

"얼마나 많은 사람에게
독약을 주었나요?"

3

독약

애거서는 데뷔작《스타일즈 저택의 죽음》이 출간되었을 때 쏟아진 많은 서평 가운데《약학 저널(The Pharmaceutical Journal and Pharmacist)》의 평이 가장 좋았다고 회고했다. 실제로 그 저널은 이렇게 쓰고 있다. "이 소설은 정확성 면에서 보기 드문 장점을 갖고 있다. 사실 너무 정확하게 쓰인 나머지 우리는 저자가 약제학 훈련을 받았거나, 혹은 기술적인 부분에서 유능한 약제사의 도움을 받았다고 믿고 싶다."[1] 애거서가 이런 평가를 받은 것은 어쩌면 당연한 일이었다. 그녀는 제1, 2차 세계대전기에 병원의 조제실에서 약제사로 일했기 때문이다.

처음에는 약제사가 아니라 간호사였다. 마치 전쟁이 발발할 것을 예견이라도 했듯이 영국에서는 1910년대 초부터 응급조치며 가정치료법 강좌가 유행했다. 애거서는 그 과정을 이수하고 시험을 통과해서 자격증을 갖고 있었다. 제1차 세계대전이 일어나자 애거서는 토키의 적십자 구급간호봉사대(VAD, Voluntary Aid Detachment)로 달려가 간호사로 일하기 시작했다. 시청을 개조해 만든 열악한 병원에서 밀려드는 환자를 돌보고 어려운 수술에 참여하는 등 무척이나 힘든 나

애슈필드 저택에서 간호사복을 입고 서 있는 애거서(1914년경)

제1차 세계대전 당시 애거서는 토키의 적십자 구급간호봉사대에서 간호사로 일했다. 그녀는 자신의 일을 매우 좋아했지만, 과로로 건강을 해쳐 조제실에서 일하게 되었다. (출처: flashbak.com)

날이었다. 하지만 애거서는 그 일을 매우 사랑했다. 간호사만큼 보람 있는 직업이 없다고 생각한다면서 만약 결혼하지 않았다면 간호사를 평생 직업으로 삼았을 것이라고 말했을 정도다.[2]

그러다 과로에 지친 나머지 애거서는 심각한 폐 질환을 앓게 되었다. 몇 주 후 병원으로 돌아가자 상급자는 애거서에게 병동 대신에 새로 생긴 조제실에서 일할 것을 권유했다. 애거서는 화학, 약물학, 조제학 세 과목으로 이루어진 공인약제사시험을 통과하고 자격증을 보유한 '진짜' 약제사가 되었다. 병동에 비하면 훨씬 한가했던 조제실에서 2년을 보내면서 애거서는 처음으로 추리소설을 쓸 생각을 했다. 주변에 독약이 널려 있으니 독살에 관한 이야기를 쓰면 될 듯했다.[3] 그렇게 탄생한 것이 《스타일즈 저택의 죽음》이다. 언제나 들춰볼 수 있는 약학서와 약병들에 둘러싸여 있었기 때문인지 이 작품은 유달리 독약과 관련된 정보의 밀도가 높다.

당신은 마치 의학 사전처럼 말하는군요!

애거서가 쓴 66권의 장편 소설 가운데 살인, 살인미수, 자살과 직접 연관되어 독약이 등장하는 작품은 무려 41권에 달한다.[4] 약물과 조제법 90종이 나타나는데, 비소, 아스피린, 키니네, 요오드, 인슐린, 모르핀에서부터 사이안화칼륨, 탄산수소나트륨, 비타민에 이르기까지 그 범위가 무척 넓다. 소설에서 다루는 약학적 지식 또한 절대 얕지 않다. 한 예로 《벙어리 목격자》를 살펴보자. 아룬델 양이 죽기 전날 사람들은 그녀의 머리 주위에 후광이 반짝이고 입에서도 빛나는 리본이 흘러나오는 것을 목격했다. 푸아로는 '인의 독성에 관한 논문'의 구절을 인용하면서 아룬델 양이 독살되었음을 밝혀낸다. 애거서가 푸아로의 입을 빌려 자신의 전문성을 은근히 드러내는 대목이다.[5]

애거서는 약물에 대한 정보를 끊임없이 업데이트했던 것 같다. 《창백한 말》(1961)에는 애거서가 자신이 얼마나 열심히 약학 공부를 하는지를 인정해달라고 하는 듯한 구절이 있다. 살인이 연달아 발생하고, 겹겹이 둘러싸인 초자연적인 장치를 걷어내면 뜻밖에도 탈륨 중독이라는 낯선 살해 방식이 드러난다. 마크 이스터브룩이 탈륨중독이 불러온 각양각색의 사인을 나열하자 르쥔 경감은 "당신은 마치 의학 사전처럼 말하는군요!"라고 외친다. 이스터브룩은 "당연하죠. 그동안 조사했으니까요"라고 답한다.[6] 실제로 조사한 사람은 애거서였고, 그녀는 독자로부터 르쥔 경감 같은 반응이 나오기를 기대했을 것이다.

그런데 나는 애거서의 약물학적 지식이 드러나는 최고의 장면으로 《죽음과의 약속》에 나오는 짧은 대화를 꼽는다. 보인튼 노부인이 죽자 카버리 대령은 때마침 그곳에 온 푸아로에게 사건을 맡긴다. 대령은 푸아로에게 작은 약상자에 넣어두었던 디기톡신(Digitoxin)이 사라졌다는 사실을 보고한다. 디기톡신은 디기탈리스(foxglove)에서 추출되는 약으로, 디기탈리스잎에는 네 가지 강력한 활성 성분인 디기탈린(digitalin), 디기토닌(digitonin), 디기탈리안(digitalein), 디기톡신이 함유되어 있다. 이 가운데 디기톡신의 독성이 가장 강한데, 디기탈린이나 디기탈리안에 비해 6~10배나 강한 독성을 지닌다. 대령은 프랑스에서는 공식적으로 판매가 금지된 약물이지만 영국의 약전(藥典, Pharmacopeia)에는 그런 규정이 없다는 설명을 덧붙인다.[7]

이 짧은 대화는 서양 제약학의 역사를 핵심적으로 요약하고 있다고 해도 과언이 아니다. 동양과 마찬가지로 서양에서도 오랫동안 약의 원료는 대부분 식물이었다. 그런데 과학혁명을 겪으며 서양에서는 식물에서 추출한 활성 성분(active principle, active ingredient)만을 주목하는 변화가 일어났다. 린네의 식물학과 라부아지에의 화학은 식물의 명명법을 바꿔놓았고, 그전까지 식물의 전반적인 특성을 개괄하던 약제학은 이제 활성 성분만을 기록하는 방식으로 바뀌게 되었다. 약재로 광범위하게 쓰이던 양귀비 대신 활성 성분인 모르핀이 더 널리 알려지게 되었듯이 식물인 디기탈리스 대신 성분인 디기톡신을 주목하는 변화가 일어난 것이다.

이런 변화는 흔히 '표준화(standardization)'라고 불리기도 하는데 이것을 부추긴 것이 '약전 개혁'이다. 과거 무분별하게 존재하던 약전에 국가가 나서서 공적인 기준을 부여하는 움직임이었다. 하지만 그 약전은 국가마다 그 내용과 기준이 다르게 나타나곤 했다. 미국은 영국에서 사용되었던 낡은 약전을 기준으로 삼았던 탓에 19세기까지도 영국보다 약 100년 정도 낙후된 약학 지침을 고수했다. 한편 프랑스는 영국보다 더 엄격한 구석이 있었다. 프랑스에서 금지된 디기톡신이 영국에서는 유통되는 데 문제가 없었던 것은 그런 까닭이다.[8]

위 사례는 같은 약일지라도 시기적, 공간적으로 용법과 규제가 달랐고, 이로운 약도 독약으로 쓰일 수 있으며 그 경계가 매우 유동적이고 모호했음을 말해준다. 애거서가 '독약의 여왕(Queen of Poison)'이라는 별칭을 얻게 된 것도 이 애매한 지점을 적확하고 전문적으로 파고들어 독창적인 소설을 썼기 때문이다. 《스타일즈 저택의 죽음》에서 잉글소프 노부인은 스트리키닌 중독으로 사망한다. 그것은 바로 주치의 윌킨스 박사가 강장제로 처방한 약이었다. 평상시에는 아무런 문제가 없는 스트리키닌 혼합액이 몇 시간이 지나 침전될 경우 엄청난 양을 복용한 셈이 되어 사망을 초래한 것이다.[9]

《테이블 위의 카드》는 또 어떠한가. 로리머 부인에게 주사를 놓은 일이 발각되자 로버츠 박사는 그 주사에는 단순한 회복제가 들어있었을 뿐이라고 항변한다. 푸아로는 에비판(Evipan)이라고 불리는 그 복잡한 약물(N-methyl-cyclo-hexenyl-methyl-malonyl urea)은 간단한 수술에는 마취제로 사용되지만, 베로날이나 바르비투르산염을 주입받은 환자에게 투여하면 위험해진다는 '전문적인 지식'을 들이댐으로써 결국 그에게서 자백을 받아낸다.[10]

이런 작품들은 합법적인 약이 치명적인 독약으로 바뀌는 일종의 '부작용' 사례들을 다룬다. 그리고 애거서 작품의 인기에 힘입어 그런 부작용 사례들이 대중에게 널리 알려지게 되었다. 이런 '교육적 효과' 혹은 '대중적 관심'을 의식한 때문인지 서양의 약학 연구자들은 애거서가 작품에 등장시킨 독약에 큰 관심을 보여왔다. 오하이오 주립대 약학대학의 마이클 제럴드(Michael C. Gerald) 교수는 아예 애거서의 작품에 나오는 약물과 그 효능을 목록화해서 책을 출판하기도 했다.[11]

오늘날 의학은 마치 슈퍼마켓 같아요.
모든 것이 포장되어 나오거든.

애거서의 소설 가운데 가장 많은 약이 등장하는 것은《카리브해의 비밀》(1964)로, 21가지의 약물이 나온다. 아마도 그 소설의 등장인물 대부분이 따뜻한 휴양지를 찾은 노인이었던 탓이리다. 그래서 인슐린부터 암의 통증을 줄이기 위한 모르핀, 기침약, 류마티스약, 관장약과 수면제 등 성인병과 관련된 약들이 많다. 여기서 반전은 사건의 열쇠가 노인들의 주변에 널려 있던 약이 아니었다는 점이다. 젊은 여성들이 사용하는 얼굴 크림에 함유된 벨라도나가 일으킨 환각이 사건 전체를 관통하는 핵심이다. 벨라도나는 최소한 로마 시대부터 사용되어온 식물로, 소설에 언급되는 수많은 '현대식' 약이 아닌 벨라도나를 사용한 것도 또 다른 반전이 아닐 수 없다.[12]

제2차 세계대전이 발발하자 애거서는 곧바로 토키의 병원으로 달려가 다시 조제실에서 일하기를 자원했다. 50세에 가까운 적지 않은 나이였다. 얼마 후 남편을 따라 런던으로 간 후에는 런던대학병원 조제실에서 일했다. 이때 애거서는 당시 시중에 나돌던 온갖 약에 대한 정보를 업데이트할 수 있었다고 한다. 이제 약이 알약(pill), 정제약(tablet), 가루약 등으로 병에 담겨 잘 포장되어서 나온다는 사실이 특히 인상적이었다. 그래서 조제실에서 약을 혼합하는 작업이 예전과 비교해 훨씬 간단해졌다.[13] 애거서는 그 변화를《깨어진 거울》(1962)에 녹여냈다. 마플은 요즘 젊은 의사들은 일단 혈압을 재고는 환자의 병증과는 상관없이 공장에서 쏟아져 나오는 분홍색, 노랑

색, 갈색 같은 알약을 준다고 불평한다. "오늘날 의학은 마치 슈퍼마켓 같아요. 모든 것이 포장되어 나오거든"이라고 꼬집으면서 말이다.[14]

사실 전간기는 '신약 발견의 황금기(the Golden Age of Drug Discovery)'라고 불릴 만큼 약학 분야의 혁신이 이루어진 시기였다. 가장 큰 성과로 인슐린과 페니실린의 발명을 꼽을 수 있는데, 특히 '최초의 항생제'인 페니실린은 의학사에서 다른 어떤 약물보다 큰 반향을 불러일으킨 위대한 발견으로 평가되곤 한다. 제1, 2차 세계대전은 의심할 바 없이 처참한 비극이었지만 신약 개발이라는 측면에서는 엄청난 자극제였다. 수많은 병사와 국민의 생명을 살리기 위해 국가와 기업이 단합해 신약 연구와 개발에 박차를 가했기 때문이다.

그런데 그 결과로 시중에는 엄청나게 많은 약이 나돌게 되고 점차 사람들은 지나치게 약에 의존하게 되었다. 애거서의 작품에 나오는 등장인물들은 실제로 아주 많은 약을 먹고 있다. 《장례식을 마치고》에 나오는 리처드 애버네시는 수면제, 소량의 모르핀이 함유된 진통제, 아덱솔린(adexoline)이 들어있는 비타민 캡슐과 소화제를 복용하고 있었다.[15] 그런데 애버시니는 당시 기준에서 볼 때 특별히 약을 많이 먹는 사람이 아니었다고 묘사된다. 그렇다면 많이 먹는 사람들은 도대체 얼마나 많은 약을 먹고 있었다는 말인가.

먼저 《벙어리 목격자》에 나오는 아룬델 양의 컴패니언(companion) 미니 로슨을 보자. 그녀는 '약병에 둘러싸여 있는 상태를 즐기는 사람'으로 묘사된다. 동네 약사는 그녀가 알약, 정제약, 소화제, 혼합소화제, 강장제 등 이것저것 닥치는 대로 먹었다면서 그런 사람이 많으면 좋겠다고 웃음을 흘린다.[16] 《할로 저택의 비극》에서도 약 중독자를 발견할 수 있다. 매력적인 의사 크리스토를 찾아오는 단골 환자 피어스톡 부인 말이다. 그녀는 매주 다섯 곳의 병원을 돌면서 등에 바르는 약, 빨아먹는 감기약, 설사약, 소화제 등이 든 약병들을 타 가야만 직성이 풀리는 사람이다.[17]

약이 가진 힘, 그것이 좋든 나쁘든,
과연 사라질 수 있는 것인가?

두 차례의 세계대전을 거치며 거대한 산업으로 떠오른 제약회사들은 자본주의의 생리에 부합하여 약에 관련된 유행을 끊임없이 만들어냈다. 실제로 애거서는 약이 유행을 타고 남용되는 현실을 꼬집는다. 《히코리 디코리 살인》(1955)에서 시체로 발견된 실리아 오스틴은 애거서처럼 병원 약제사로 일했다. 그녀의 직장인 세인트 캐서린 병원을 다녀온 샤프 경감은 실리아를 죽음으로 몰아간 모르핀이 그 병원에서 나온 것임을 확인했다. 그런데 그것은 주석산염 모르핀으로, 최근에는 염산모르핀이 유행하면서 잘 쓰이지 않는 '한물간' 약이었다. 샤프 경감은 약도 다른 것들처럼 유행을 타는 모양이라면서 의사들이 마치 순한 양의 무리처럼 다른 사람들을 따라 처방하는 것 같다고 투덜거린다.[18]

애거서는 제1차 세계대전 때 토키의 병원에 근무하면서 시 〈조제실에서(In a Dispensary)〉를 썼다. 그 시에는 "약이 가진 힘, 그것이 좋든 나쁘든, 과연 사라질 수 있는 것인가?"[19]라는 구절이 있다. 약에 대해 많이 알고 있었던 만큼이나 이로운 약과 독약의 모호한 경계, 약에 대한 의존이 인간에게 가져올 폐해에 대한 우려가 깔려있다. 그리고 같은 시기에 쓴 《스타일즈 저택의 죽음》의 초반부에서 애거서는 이미 그런 우려를 희화화하며 드러냈다. "얼마나 많은 사람에게 독약을 주었나요?"라는 헤이스팅스의 질문에 병원 조제실에서 근무하는 신시아는 "오! 수백 명에게요"라고 웃으며 대답한 것이다.[20]

"난 조국을 위해 싸울

기회조차 놓쳤어"

4

병역면제

《애크로이드 살인사건》(1926)의 화자 셰퍼드 의사는 자기가 사는 킹스 애벗 마을이 미혼여성과 퇴역 장교로 넘쳐나는 곳이라고 설명한다. 신체 건강한 남자들이 모조리 일찌감치 마을을 떠난 탓이다.[1] 특히 제1, 2차 세계대전은 성인 남성들의 대규모 입대를 요구했기에 시골에서 젊고 건강한 남자를 찾기란 쉽지 않았다. 그런데 《파도를 타고》(1948)에 등장하는 롤리 클로드는 건강한 젊은이인데도 군대에 가지 않고 마을에 남아 있었다. 오히려 그의 약혼녀 린 마치몬트가 먼 해외의 전장을 누볐다. 린은 "정말 뒤죽박죽이 된 세상이었다"라고 생각한다. "예전에는 남자는 전쟁터에 나가고 여자는 집에 있었다. 하지만 그것이 뒤집힌 것이다."[2] 왜 이런 일이 벌어졌을까.

1914년 7월 28일 제1차 세계대전이 발발하자 애초에 중립을 지키려던 영국은 결국 8월 4일 참전을 선포했다. 영국 정부는 처음에는 자원입대자로 병력을 구성했다. 지원자의 입대 여부는 전통적인 신체검사제도를 통해 결정되었다. 입대 적합성 측정에는 지적 능력, 폐기능 등의 흉부 상태, 시력, 유전적 결함 등이 중요한 요소였다. 따라서 질병을 앓고 있거나 신체적 결함이 있는 사람, 지적 능력이 부족한 사람, 충치나 치아 결손, 체형(體刑)의 흔적이 있는 사람은 부적합 판정을 받았다. 이 신체검사제도는 지원자를 단순히 적합(fit)과 부적합(unfit) 두 가지로만 구분했다.[3]

엄청난 수의 입대 지원자에 비해 신체검사를 시행할 의료인력은 턱없이 부족했다. 군의관 한 명이 하루 한 끼만 먹은 채 밤늦도록 400명 이상을 검사하는 나날이 계속되었다.[4] 이에 정부는 추가로 민간의사들을 신체검사에 투입하기로 했다. 그런데 이 조치는 또 다른 문제를 불러왔다. 민간의사들은 대부분 군대의 신체검사기준에 무지했거나, 설사 기준을 숙지했더라도 전쟁터에 나가기에 부적합한 사람들을 마구 통과시키는 일이 빈번했다. 군의관과 달리 민간의사에게는 적합판정을 내린 신병의 수만큼 수당을 지급했던 탓인데, 그 액수가 짭짤해서 의사들은 사욕을 채우려고 '적합'을 남발했던 것이다.[5]

《부머랭 살인사건》(1934)에는 이런 상황을 연상시키는 장면이 있다. 주인공 보비 존스는 프랭키가 왜 해군에서 나왔느냐고 묻자 눈 때문이라고 대답한다. 입대할 때는 그럭저럭 통과했지만, 막상 햇빛이 강렬한 해외에 나가자 문제가 커져서 결국 제대할 수밖에 없었다는 것이다.[6] 실제로 전쟁 발발 후 불과 몇 달도 안 되어 무려 25만 명에 달하는 병사들이 신체적 결함과 부상으로 제대 조치를 당했다. 모병 단계에서 신체검사가 제대로 이루어졌더라면 이런 일은 절대로 일어나지 않았을 것이라는 보고서가 정부에 제출되었다.[7]

심장이 안 좋다나 뭐라나 하며
전쟁에는 나가지도 않았답니다.

게다가 제1차 세계대전 초반부터 많은 사상자가 발생하면서 병력의 충원은 더욱 절실해졌다. 영국 정부는 1916년 1월 병역법(Military Service Act)을 제정하여 자원입대를 철회하고 징병제로 전환했다. 이제 원칙적으로 18세부터 41세에 이르는 모든 영국인 남성에게 병역 의무가 부과된 것이다. 이와 더불어 정부는 징집대상자의 적합성을 판단하기 위해 좀 더 정교한 시스템을 고안하기로 했다. 그 결과 최종적으로 1917년 11월 징집대상자를 아래와 같은 네 범주로 분류했다. 분류 기준은 신체적 상태에 따른 것이었다.

① 본토와 해외 복무 전반에 적합
② 한시적으로 해외 복무에 부적합. 훈련을 통해 개선 가능성 있음
③ 본토 복무에만 적합. 단순노동이나 사무에만 적합
④ 모든 형태의 군 복무에 영구히 완전하게 부적합[8]

여기서 본토 복무라는 것은 실질적으로는 군대와는 상관없는 노동현장에 투입된다는 얘기였다. 애거서는 《비뚤어진 집》(1949)에서 어린아이들의 가정교사 로런스 브라운을 등장시킨 적이 있다. 브라운은 군역이 면제되었다는 이유로 사람들에게 손가락질을 받는다. 그에게는 언제나 "심장이 안 좋다나 뭐라나 하며 전쟁에는 나가지도 않았답니다"라는 냉소 어린 말이 따라다녔다.[9] 경찰이 살인자를 찾

기 위해 심문을 시작하자 브라운은 몹시 히스테릭해진다. 브라운은 자신은 아주 예민하고 신경과민 증세가 있어서 누군가를 죽인다는 생각만으로도 끔찍한 악몽이라고 항변한다. 그리고 종교적인 이유에서도 살상을 반대한다고 주장하면서 그것을 병역면제심사국에서도 인정해주어 병원에서 보일러공으로 일했다고 덧붙인다.[10] 브라운의 말을 믿자면 그는 병역면제에 해당하는 ④번이 아니라 ③번 본토 복무자로 분류된 사람이다.

흥미롭게도 병역법은 자녀가 있는 홀아비와 '보호 직업군(protected occupation, 혹은 예비 직업군scheduled or reserved occupations)'에 종사하는 사람들을 징집에서 면제해주었다. 보호 직업군은 '국가적 차원에서 중요성을 인정받는 직업군'으로 성직자, 의사, 교사, 열차기관사, 농부 등이 포함되어 있었다. 제2차 세계대전기에는 징집면제보다 더 강한 '병역배제'의 개념이 적용되어 채탄, 조선업 등 특정 직업군에 종사하는 사람은 설사 자신이 원할지라도 군 복무를 할 수 없었다. 농업 역시 보호 직업군이었는데, 농부뿐만 아니라 농업을 공부하는 학생도 징집에서 배제되었기 때문에 제2차 세계대전 당시 영국에서는 농과대학에 입학하기 위한 경쟁이 치열했다.[11]

난 내 여자가, 내 여자가
군복을 입고 해외로 떠나는 걸 본 사람이야. 알겠어?

《파도를 타고》의 롤리도 보호 직업군 대상자로 분류되면서 농장에 남았던 것 같다. 농장을 돌보던 두 젊은이 가운데 조니 배버수어가 전쟁터에 나가기로 하면서 롤리는 농장에 묶이게 되었다.[12] 하지만 약혼녀 린은 영국왕립해군부대 여성지부(WRNS, Women's Royal Naval Service)의 일원으로 제2차 세계대전에 참가한다. 린이 군대에 간 것은 국가복무법(National Service Act)에 따라 징집대상이 확대되었기 때문이다. 제2차 세계대전 초기 영국이 독일군의 맹공에 고전을 면치 못하게 되자 1941년 12월에 윈스턴 처칠(Winston Churchill) 영국 수상은 여성도 징집할 수 있도록 법을 개정하기로 했다. 이 조치로 20세에서 30세 사이의 모든 미혼여성과 아이가 없는 독신 여성 750만 명이 동원되었다. 그들 대다수는 군수공장 등으로 파견되었고 그중 45만 명은 군대조직에 편입되었다.

전쟁 내내 집 근처를 벗어나본 적이 없던 롤리와 달리 린은 이집트, 북아프리카, 시칠리아 등 넓은 세상을 돌며 전쟁을 치렀다. 두어 번 폭격을 맞아 심각한 위험에 처한 적도 있었다.[13] 그런 린에게 롤리는 "난 전쟁터에 나가본 적이 없어. …… 난 마땅히 내가 가졌어야 할, 내 조국을 위해 싸울 기회조차 놓쳤어"라고 말한다. 그런데 롤리에게 군 복무를 박탈당했다는 사실보다 더 쓰라린 것은 젠더 역할의 역전이었던 듯싶다.

그 얘기를 하면서 롤리는 폭력적으로 돌변한다. 목과 이마에 핏발이 서고, 무서운 표정으로 노려보며 발을 쾅쾅 구르다가 "난 내 여자가, 내 여자가 군복을 입고 해외로 떠나는 걸 본 사람이야. 알겠어? 내 삶은 지옥이었단 말이야"라고 울부짖는다. 그러고는 급기야 린의 목을 조르기까지 한다. 전쟁터로 나가는 여자가 '뒤에 남겨놓은 남자가 되는 일'은 곧 남성임을 포기하는 것이었고, 롤리의 말에 따르

제2차 세계대전에 참전한 여성 군인들과 군수공장에서 일하는 여성들

제2차 세계대전 당시 영국은 지원병만으로는 병력이 부족하여 징병제를 실시하고, 여성들도 전쟁에 동원했다. 영국왕립해군부대 여성지부 등 여성으로 구성된 부대를 만들어 전투에 배치하는 한편, 많은 여성이 후방의 군수공장에서 일했다. (출처: iwm.org.uk)

자면 "그것은 지옥보다 더한 고통"이었다.[14]

롤리와 린 사이에는 보이지 않는 장벽이 생겼다. 롤리는 쓰디쓴 어조로 "너처럼 전쟁에 나갔던 여자들은 가정에 정착하기 힘들다는 걸 알게 될 거야"라고 말한다.[15] 복무 해제 후 자유로운 여자로 돌아오는 일은 신나는 일이었어야 했다. 그런데 린은 판에 박힌 생활이 지루하다는 느낌과 앞으로는 친구들과 마치 동물처럼 몰려다닐 일만 남았다는 생각에 괴로워한다. 고향의 일상은 마치 고인 물 같고 비록 전쟁이었을지라도 바깥세상의 경험은 시골 여성에게 주어진 뜻밖의 모험이었다. 린은 그 모험이 주었던 짜릿함을 이렇게 되새긴다. 나는 이 독백이 애거서 작품을 통틀어 가장 감각적인 묘사라고 생각한다.

> 선박과 부두를 연결하는 배다리가 들어 올려지고 배의 스크루가 돌아갈 때의 흥분, 비행기가 이륙해서 발밑의 대지 위로 솟아오를 때의 전율, 해안선이 만들어내는 기묘한 형상을 바라보는 순간, 뜨거운 먼지와 파라핀 기름, 그리고 마늘의 냄새—소란스럽게 지껄이는 외국말. 이상한 꽃들, 먼지투성이 정원에서 자랑스럽게 솟아난 빨간 포인세티아. 짐을 싸고, 풀고—다음은 어디지? 이 모든 것이 끝났다. 전쟁이 끝난 것이다.[16]

린에게 일상으로의 복귀는 자신의 역량을 축소해서 살아야 한다는 것을 의미했다. 전쟁이 끝나자 군대뿐만 아니라 군수공장에 투입되었던 여성들은 모조리 가정으로 돌아가야 했다. 애거서 역시 제1

차 세계대전 후 일을 계속하고 싶었지만, 가정으로 돌아와야만 했다. 회사나 공직에는 여자를 위한 자리가 전혀 없었고 그나마 취직할 수 있는 상점도 이미 직원으로 꽉 차 있는 상태였다. 애거서는 "전쟁 때는 육해공군에 모두 여자 보조부대가 생겼고, 여성들은 군수공장이나 병원에서 일할 수 있었다. 하지만 그것은 모두 '임시직'이었을 뿐이다"라고 씁쓸하게 말했다.[17] 그 보상으로 주어진 것이 여성 참정권이다. 영국 정부는 제1차 세계대전 동안 여성들이 전쟁에 협력한 공로를 인정해 국민대표법(Representation of the People Act, 1918)을 제정하고 30세 이상의 여성에게 선거권을 부여했다. 이때 남성은 21세부터 참정권을 행사할 수 있었다. 여성과 남성이 동등하게 21세부터 선거권을 갖게 된 것은 1928년이 되어서였다.

이 모든 것이 끝났다. 전쟁이 끝난 것이다.

린은 신문에서 떠들어대는 '전쟁에서 벗어나 본분으로 돌아온 가정주부'라는 말이 자신에게는 들어맞지 않는다고 생각한다. 전쟁터에서 돌아온 이후 목적 없이 표류하는 느낌이었다. "전쟁 시절의 노스탤지어가 파도처럼 그녀를 덮쳐왔다." 임무가 분명했던 시절, 삶이 계획적이고 질서정연했던 시절, 개인적인 결정의 무게가 어깨를 짓누르지 않았던 시절이었다. 그녀는 이제 입대할 때처럼 명석하고 결단력 있고 총명한 여성이 아니었다. 여성들은 이제 집에 돌아와 "생각하기를 멈춘 삶이 주는 안락함" 속에 파묻혀야 했다. 그리고 그것은 쏟아지는 총알이나 공중에서 떨어지는 폭탄이 주는 신체적인 위

험보다 훨씬 더 무서운 '영혼의 위험'이었다.[18]

애거서는 이와 비슷한 주제를 《쥐덫》에서도 다룬 적이 있다. 몽스웰 여관의 손님인 보일 부인은 전쟁이 끝나자 갑자기 엄청난 상실감에 시달린다. 전쟁은 그녀에게 잘 맞는 일이었다. 보일 부인은 의욕이 넘쳤고 능률과 조직의 중요성을 외치며 매사에 지나치리만치 열심이었다. 그 과정에서 아랫사람들을 괴롭히며 으스대었고, 윗사람들까지 피곤하게 만들기도 했다. 그런데 전쟁이 끝나자 그토록 활기찬 생활이 끝나버렸다. 그녀는 평화가 그리 달갑지 않다.[19] 삶에서 자극과 도전이 송두리째 사라져버렸기 때문이다.

그렇다면 애거서는 전쟁에서 돌아온 남성의 심리 상태를 어떻게 묘사했을까. 이 주제와 관련해 가장 눈에 띄는 인물은 《ABC 살인사건》의 유력한 용의자 커스트일 것이다. 커스트는 지극히 영웅적인 '알렉산더 보나파르트'라는 이름을 갖고 있지만 실제로는 아주 허약하고 정신적으로 불안정한 사람이다. 전쟁 후 그는 끔찍한 두통에 시달리기 일쑤였고 이따금 정신을 잃기도 했다.[20] 그런데도 그가 기억하는 전쟁은 상당히 긍정적이다. 학교와 직장, 심지어 가족과의 관계에서도 서툴고 무능했던 그였지만 전쟁터에서만은 자신이 타인들과 똑같이 유능하다는 것을 처음으로 느꼈기 때문이다. 어찌 보면 그는 군대에 최적화된 인물이었던 셈이다. "난 전쟁을 즐겼어요"라고 말할 때 그의 얼굴은 갑자기 환하게 밝아졌다.[21]

이 일화는 《벙어리 목격자》에서 푸아로가 피바디 양과 나누었던 짧은 대화와 연결해 음미해볼 필요가 있다. 동네 사정에 훤한 피바디 양은 아룬델 장군이 멍청한 사람이었다고 말하고는 그렇다고 그가 장군이 된 것이 이상하다는 뜻은 아니라고 덧붙였다. 왜냐하면 "군대는 머리가 좋다고 해서 승진하는 데가 아니다"라는 말을 늘 들어왔기 때문이다.[22]

그런 군대가 똑똑한 여성들에게는 일상으로 돌아가기 힘들어질 만큼 귀한 경험을 제공했다. 반면 남성들에게 군대는 지능이 별로 필요 없는 집단이자 커스트처럼 사회적으로 열등하고 정신적으로 불안정한 사람에게 오히려 자신감을 주었다. 군 복무와 남녀평등 문제를 연결지어 볼 때 애거서가 어떤 견해를 갖고 있었는지 아주 복잡 미묘하다.

“사랑, 사랑, 무서운 말입니다”

5

섹슈얼리티

애거서의 작품들은 다른 추리소설에 비해 사랑이나 섹슈얼리티 측면에서 재미없고 심지어 무미건조하다는 평을 듣는다. 특히 동시대의 레이먼드 챈들러 같은 작가들이 발표한 하드보일드 소설이 폭력과 섹스를 전면에 내세운 탓에 애거서 소설의 '잔잔함'이 상대적으로 답답하게 느껴질 수 있다. 챈들러의 애독자라면《안녕, 내 사랑(Farewell, My Lovely)》에서 탐정 필립 말로와 그레일 부인이 처음 만나는 장면을 기억할 것이다. 평범한 대화가 진한 스킨십으로 전환되는 그 짧은 순간은 도발적이고 심지어 기묘한 느낌이 들 만큼 선정적이다.

반면 푸아로는 잊을 만하면 "선생님은 너무 늙으셨어요"라는 말이나 들으며 상처받는 인물이다. 한마디로 이상적인 남성성과는 거리가 먼 캐릭터다. 마플은 또 어떤가. 평생 독신으로 살아온 이 노처녀에게는 먼 옛날의 흐릿한 연애담이 있을 뿐, 로맨스와 얽히기보다는 '기웃거리는' 일에만 몰두하는 무성적인 캐릭터다. 흔히 '보수적'이라고 평가되는 애거서가 실제로 개인적으로 사랑이나 섹슈얼리티에 관심이 없었던 것일까? 혹은 애거서의 작품에 진짜로 사랑이나 섹슈얼리티의 요소가 부족한 것일까?

사실 애거서의 작품에서 섹스와 관련된 노골적인 묘사를 찾기는 쉽지 않다. 하지만 찬찬히 들여다본다면 애거서가 성이나 사랑에 관해 결코 무심하거나 의도적으로 피하지는 않았다는 것을 알 수 있다. 오히려 애거서는 아주 다양한 방식으로 사랑을 다룬다. 그리고 예상치 못한 순간에 마치 뒤통수를 치듯이 밀려오는 사랑의 감정을 포착해내기도 한다. 그 가운데 내가 백미로 꼽는 것은《죽음을 향한 발자국》(1954)에 나오는 한 장면이다.

자식을 잃고, 남편과도 헤어진 힐러리 크레이븐은 생을 마감하려 작정하고 모로코로 여행을 떠난다. 전남편 나이젤은 곧 새 아내를 맞을 참이다. 모로코에 도착한 힐러리는 수면제를 사기 위해 약국으로 달려간다. 거기서 영어를 쓰는 사람과 부딪히게 되었는데, 약국을 떠나면서 그가 점원에게 치약을 달라고 하는 소리를 들었다. 치약, 너무 평범하고 너무 일상적이고 너무 우스운 그 단어가 그녀의 가슴을 찌른다. "그것은 나이젤이 언제나 좋아하던 브랜드였다."[1] 극한에 몰린 여자가 사랑했던 이와 공유했던 일상의 편린을 마주하고 무너져내리는 순간이다. 사랑을 잃어버린 이의 절망적인 상실감을 어찌 이렇게 묘사할 수 있을까.

어떤 사람들은 정말 외모가 훌륭하지만,
성적인 매력이 전혀 없어요.

내가 보기에 애거서는 섹슈얼리티에 대해 무심했다기보다 때때로 지나칠 만치 섬세했다. 성적 욕망을 불러일으키는 대상을 설정하는 데서도 애거서는 흔한 공식을 따르지 않는다. 하드보일드 소설에는 흔히 남성 탐정과 보조를 맞추는 영리하고 매력적인 여성이 등장한다. 탐정과 그 여성은 일과 애정 사이에서 아슬아슬한 줄타기를 한다. 혹은 혈기왕성한 젊은 탐정이 사건에 얽혀 있는 여성과 우연히 만나 위험하고도 뜨거운 하룻밤을 보내기도 한다. 이 여성들에 대한 묘사는 '매력적인' 혹은 '육감적인' 등의 수식어만으로도 충분하다.

그런데 애거서가 다루는 여성들은 좀 더 복잡한 수식어가 필요하다. 오히려 덜 육감적이어서 매력적인 여성, 혹은 아주 아름다운데도 성적 매력이 없는 여성 같은 식이다. 아름답거나 매력적이라는 여성을 좀 더 자세히 해부하고 여러 종류로 나누어 분류표를 만드는 셈이다. 먼저《움직이는 손가락》을 보자. 냉담한 변호사 리처드 사이밍턴의 집에는 젊은 가정교사 엘시 홀랜드가 있다. 그녀는 아프로디테처럼 완벽한 미모를 자랑하지만, 왠지 '축축한 물고기 같은 느낌'을 풍긴다. 조애너는 "어떤 사람들은 정말 외모가 훌륭하지만, 성적 매력이 전혀 없어요. 그 여자도 그래요. 참 안타까워요"라고 말한다.[2]

사실 애거서처럼 단호하게 뛰어난 외모와 성적 매력을 전혀 별개의 카테고리로 취급하는 작가는 아주 드물다. 애거서는 그런 분류법을 심지어 유명한 여배우를 묘사하는 데도 적용한다.《할로 저택의 비극》에 나오는 여배우 베로니카 크레이를 보자. 그녀와 처음 대면한 그레인지 경감은 적지 않게 충격을 받았다. 그녀에게서 육체적 매력을 강조하는 이른바 '지나친 여성성'을 찾을 수 없었기 때문이다. 대신 아주 잘생기고 값비싼 옷을 입은 성공한 여성 사업가를 보

는 것 같다고 느낀다.[3]

《깨어진 거울》에서도 마찬가지다. 마리나 그레그는 길고 가냘픈 몸매에 그레타 가르보 같은 분위기를 풍기는 배우다. 그녀는 가슴, 허리 등의 '수치가 최우선시되기 전 전성기를 누린 배우'로 섹스 심벌이 아니라 성격배우로서의 특색이 강한 사람이다.[4] 애거서가 여배우를 이런 식으로 묘사하는 것은 여성으로서의 동지애를 발휘해서 여배우를 보호하려는 성숙한 전략으로 읽힌다. 그들 대부분이 풍만한 육체와 '백치미'라는 딱지 속에 개성이나 심지어 인격까지 묻히곤 하는 처지였기 때문이다. 평생 연극계와 깊은 관계를 맺어온 애거서가 그런 현실을 몰랐을 리가 없다.

그렇다면 남성들은 어떠한가. 애거서 작품 속의 남성들은 단순히 여성의 외모에 현혹되어 사랑에 빠져버리는 그런 남자들이 아니다. 그들의 사랑은 훨씬 더 복잡하고 다양한 요인에서 출발한다. 《움직이는 손가락》에서 시골로 요양차 내려온 제리 버턴은 엘시 홀랜드를 처음 보자마자 눈부신 미모에 넋이 나간다. 하지만 제리는 지저분한 외모에 행동거지도 형편없는 메건 헌터에게 자꾸 신경이 쓰인다. 기차 앞까지 졸래졸래 따라온 메건을 순간적인 충동으로 들어 올려 기차에 태운 뒤 함께 런던으로 간다. 여동생의 단골 의상실에 데려가 옷을 맞춰주고, 미용실에서 머리까지 멋지게 손질해준 뒤, 고급 레스토랑으로 함께 가 데이트를 한다.[5]

이 대목은 애거서로서는 드물게 신데렐라 모티브를 구체적으로 보여준 사례이지 싶다. 그리고 이 에피소드는 제리가 자신의 본능 깊숙한 곳에 프린세스 메이커로서의 욕망이 꿈틀댄다는 것을 깨닫는 순간이기도 하다. 제리가 메건에게 느낀 감정은 성적인 이끌림이라기보다는 일종의 측은지심이다. 애거서는 그것을 동정심과 안쓰러움에만 머물게 하지 않는다. 측은지심은 사실 사랑의 최고 형태이자 궁극의 형태일 수 있다. 애거서는 그것을 정확하게 알고 있었다.

애거서는 남성에게 여성의 외모가 사랑을 지속하는 절대적인 기준이 아니라고 믿었던 것 같다. 아니면 그렇게 믿고 싶었고, 그것을 만인을 향해 설파하는 듯이 느껴진다. 《목사관 살인사건》만 해도 그렇다. 화자인 레너드 클레멘트는 중년의 고루하기 짝이 없는 시골 목사다. 그런데 그보다 스무 살가량 아래인 아내는 '정신을 잃게 할 만큼' 예쁜 여자다. 이쯤 되면 대개 '트로피 와이프'를 자랑스러워하며 결혼에 만족할 것이다. 하지만 클레멘트는 아내가 모든 면에서 무능하고 함께 살기에는 극도로 피곤한 여자라고 느낀다. 그는 자신이야말로 목사에게는 독신이 바람직하다는 원칙을 확신케 해주는 실례라고까지 생각한다.[6]

하나 더 살펴보자. 장편 《백주의 악마》(1941)로 발전한 단편 〈로드스섬의 삼각형〉(1936) 말이다. 휴양지인 로드스섬은 샤넬(Chanel)의 모델인 밸런타인 챈트리의 등장으로 한바탕 들썩거렸다. 우리가 아는 바로 그 샤넬이다. 살인이 벌어지고 비밀을 밝히는 과정에서 삼각관계가 드러난다. 이 삼각관계에서 한 여성은 '세계적인 미인'이고 다른 한 명은 머리 좋고 야무지지만 수수하고 평범한 여자일 뿐이다. 그리고 충격적이게도 밸런타인의 남편이 그 평범한 여성을 더 사랑했다는 사실이 드러난다. 푸아로는 의아해하는 사람들에게 "그는 그녀(밸런타인)가 지루해서 죽을 지경이었다오."라고 설명한다.[7]

온 마음을 다해 그를 사랑했어요. ……
난 바보였어요. 속아 넘어가기 쉬운 중년의 바보천치.

나는 애거서가 다루는 사랑의 스펙트럼이 아주 넓다는 점에서 특별하다고 평가한다. 실제로 애거서는 흔해빠진 선남선녀의 로맨스가 아니라 일반적인 추리물에서는 만나기 힘든 다양한 형태의 사랑을 선보인다. 그중 《죽음과의 약속》의 한 인물이 눈에 띈다. 보인턴 노부인의 둘째 아들 레녹스의 아내 네이딘이다. 네이딘은 독재자 보인턴 노부인의 통제 밖에 있는 유일한 가족 구성원이다. 그래서일까. 어머니에게 휘둘리는 무기력한 남편을 향한 네이딘의 애정은 그를 돌보고 보호하려는 사랑, 즉 모성애에 가깝다. 관찰자는 네이딘의 눈빛이 "아내의 시선이라기보다 자상한 어머니의 시선"이라 느낀다.[8]

또 있다. 애거서의 소설에는 나이든 여성을 꼬드기는 데 타고난 재주를 가진 젊은이가 여러 번 등장한다. 《벙어리 목격자》에서 찰스는 "나이든 여자 대부분은 제게 쉽게 반하죠. 그들은 제가 제대로 이해받지 못했을뿐더러 공정한 기회도 얻지 못했다고 생각합니다"라면서 자랑스레 떠벌린다.[9] 그런 남자에게 홀린 여성들은 강렬한 감정에 사로잡혀 물불 가리지 않는다. 애거서는 이루어질 수 없는 중년의 사랑이 얼마나 위험하고 파괴력이 있는지도 보여준다. 《누명》에서 잭 아가일의 먹잇감이 된 커스틴 린드스트럼 양은 이렇게 항변한다. "난 그를 사랑했어요. …… 온 마음을 다해 그를 사랑했어요. …… 난 바보였어요. 속아 넘어가기 쉬운 중년의 바보천치였어요."[10]

그런데 나는 《복수의 여신》이야말로 애거서가 그려낸 '비범한 사랑'의 정점을 찍은 작품이라고 생각한다. 옛 영주의 저택에 사는 세 자매는 고아가 된 베리티 헌트를 맡아 기르게 되었다. 어느 날 베리티가 사라졌는데, 오랜 세월이 흐른 후 마플은 관광객으로 위장한 '수사대'의 일원으로 그녀의 죽음을 둘러싼 진실을 파헤치게 된다. 마침내 진실이 밝혀지고, 마플은 여정에 동행했던 베리티의 옛 스승 엘리자베스 템플이 했던 말을 되뇌인다. "사랑, 사랑, 무서운 말입니다."[11] 중년의 여성이 소녀에게 느끼는 사랑과 집착은 무서운 것이었다. 그것을 잃느니 차라리 죽여서라도 간직하고 싶을 만치 강렬하고 깊다. 그런 탓인지 나는 애거서의 작품 가운데《복수의 여신》이《비뚤어진 집》과 더불어 가장 으스스한 느낌을 준다고 느꼈다.

《복수의 여신》에서 여성이 여성을 사랑하는 구도를 설정했던 탓에 어떤 이들은 애거서가 매우 '퀴어(Queer)'적이었다고 주장한다.[12] 물론 애거서가 활동하던 당시에는 퀴어를 둘러싸고 오늘날과 같은 분명한 정의가 없었다. 더욱이 애거서가 동성에게 성적으로 끌렸다는 증거는 어디에도 없다.[13] 하지만 애거서가 퀴어적이었다는 주장은 애거서의 소설에 푸아로나 마플 같은 미혼 남녀가 넘쳐난다는 사실에서 힘을 받곤 한다.

특히 푸아로는 외모를 다듬고, 허영기가 다분하고, 말하는 방식이 여느 남성과 다르다. 게다가 그는 오랜 세월 어떤 로맨스도 없이 독신으로 머물러 있었다. 더욱이 애거서가 푸아로를 '고양이 같다'라고 묘사하곤 했기 때문에 어떤 학자들은 푸아로가 게이 캐릭터가 분명하다고 해석한다. 고양이는 역사적으로 항상 여성성·가정성과 연결되어왔기 때문이다.[14] 물론 로샤코프 공작 부인에 대한 흠모가 살짝 드러난 적도 있지만[15] 그것은 여성에 대한 애정이라기보다 '공작 부인'이라는 지위가 주는 매력이 더 컸다는 해석이 많다.

그런데 애거서가 좀 더 노골적으로 게이 캐릭터를 선보인 적도 있다. 우선 《예고 살인》에 나오는 힌치클리프 양과 머거트로이드 양을 꼽을 수 있다. 크리스티는 두 사람의 관계를 '친구(friend)'라는 단어로 표현하고 있지만, 지극히 '전형적인' 장치들은 두 사람이 레즈비언 커플임을 분명하게 드러낸다. 우선 두 사람은 그림같이 아름다운 오두막 세 채를 터서 함께 살고 있다. 남자처럼 짧게 깎은 머리에 풍파에 찌든 얼굴을 한 힌치클리프 양은 코르덴 바지와 군복 윗도리 차림으로 축사를 돌보는 등 거친 일을 한다. 머거트로이드 양은 체크 무늬 치마를 입은 통통하고 귀여운 여자로, 주로 집에 머물며 힌클리프 양에게 꼼짝 못 하는 수동적인 캐릭터다.[16]

《테이블 위의 카드》에 등장하는 셰이터나 역시 당시 사회에서 통용되던 '게이의 유형'에 부합하는 요소들을 다분히 장착한 캐릭터다. 런던 바닥에서 푸아로의 콧수염에 비견할 만한 훌륭한 콧수염을 기른 유일한 사람이었고, 예술작품이라 부를 만한 멋진 옷을 입었으며 "거기에는 아주 기묘한 느낌이 배어있었다."[17] 그가 손님들에게 자랑하는 수집품은 아주 고급스러울 뿐만 아니라 지나치리만치 섬세한 취향을 드러낸다. 그런데 결정타는 데스퍼드 소령이 셰이터나를 묘사하며 웃어젖히는 부분이다. 그는 셰이터나가 남자치고 지나치게 옷을 잘 입고 머리가 길 뿐만 아니라 몸에서는 향수 냄새가 난다면서 "여자들은 그에게 호감을 느끼지 않았을 겁니다"라고 말한다.[18]

《회상 속의 살인》도 빼놓을 수 없다. 화가 에이미어스 크레일과 친구 필립 블레이크 사이에 숨어있는 동성애 코드가 그것이다. 특히 에이미어스를 향한 필립의 애정이 훨씬 더 도드라진다. 물론 에이미어스가 오래전에 죽었기 때문에 필립의 증언만이 기록된 탓도 있다. 그런 필립이 푸아로에게 에이미어스의 여성 편력을 이야기하다가 "하지만 어떤 면에서 여자들은 실제로 그에게 의미가 거의 없었죠"라고 말하며 한숨을 쉰다.[19] 그래서 이 대목은 더 신뢰가 간다. ITV 드라마 〈다섯 마리 아기 돼지〉(《회상 속의 살인》의 영국판 제목)는 필립의 동성애적 감정선을 훨씬 더 분명하게 표현한다. 에이미어스를 응시하는 필립의 눈빛이 너무나도 절절해서 화면을 뚫을 기세다.

내 친구 헤이스팅스를 향한 그리움이
나를 덮쳐오는 순간들이 있어요.

그렇다면 푸아로와 헤이스팅스의 관계는 어떨까. 두 사람이 깊은 우정을 나누었다는 데는 의심의 여지가 없다. 그런데 소설에는 오늘날의 기준에서 고개를 갸웃거리게 할 만한 표현들이 등장한다. 《애크로이드 살인사건》의 한 장면을 예로 들어보자. 푸아로는 "내 친구 헤이스팅스를 향한 그리움이 나를 덮쳐오는 순간들이 있어요"[20]라고 말한다. 동성 친구를 향한 발언치고는 뭔가 지나치다는 느낌이 들지 않는가. 헤이스팅스는 결혼과 더불어 아르헨티나로 떠났었지만 결국 돌아와 푸아로의 곁을 지켰다. 푸아로와 함께하는 매 순간에 헤이스팅스는 거의 독신남 캐릭터다. 푸아로의 마지막을 장식하는 《커튼》에서야 헤이스팅스의 가족이 존재감을 가지고 등장한다.

에르퀼 푸아로와 아서 헤이스팅스

애거서 크리스티의 푸아로 시리즈에 등장하는 이 단짝은 깊은 우정을 나누며 함께 사건을 해결해간다. 형제애를 바탕으로 한 두 사람의 유대감 또한 '사랑'이라 할 수 있을 것이다. (출처: 셔터스톡)

셜록 홈스와 존 왓슨

아서 코넌 도일이 만들어낸 셜록 홈스와 존 왓슨은 TV 드라마와 영화의 수사물에서 쉽게 찾아볼 수 있는 '버디 문화'의 시초라 할 수 있다. (출처: BBC)

그전까지 두 사람은 함께 먹고 일하며, 함께 휴가를 떠난다.

둘의 감정이 육체적 관계를 전제로 한 세속적 의미의 사랑은 분명 아니다. 하지만 그래도 사랑이고, 굳이 분류하자면 '남성 간의 사랑'이다. 그런 사랑은 당시 사회에서 별로 이상한 것이 아니었다. 어떤 학자들은 19세기에서 20세기 초까지 영국에서 중·상류층의 남성성이 기본적으로 동성애적 성격을 띠고 있었다고 주장한다. 소년들은 남자 사립학교에서 기숙하며 학창시절을 보낸 뒤 바깥세상으로 나왔다. 그들이 진출한 세상, 시티(City, 런던의 금융가) 같은 금융계와 정계, 나아가 제국은 온전히 남성들만의 공간이었다. 이런 과정을 거치며 남성 간의 사랑은 아주 자연스럽게 체화되기 마련이었다. 영국의 영광, 나아가 제국의 영광으로 이어지는 '남성성'의 바탕에는 '형제애'라고 불리는 남성 사이의 끈끈한 우정과 애정이 깔려있었다.

그런데 같은 시기에 아이러니하게도 '동성애 혐오증(homophobia)'이 등장한다. 그것은 '삽입'으로 대변되는 육체적 관계를 전제로 한다.[21] 세지윅(E. K. Sedgwick)은 동성애 혐오증 때문에 남성 간의 사랑이라는 광범위한 연속체가 '성적인 것'과 '성적이지 않은 유대' 두 가지로 나뉘게 되었다고 주장한다.[22] 그래서 이제 남성 간의 사랑은 그전보다 훨씬 더 엄격하게 육체적인 요소들을 배제해야만 했다. 육체를 배제한 정신적 사랑은 도덕적으로도 높은 가치를 지닌다고 여겨졌다. 그 결과 이 시기 영국에서는 세속적인 결혼보다 남성 사이의 유대가 더욱 고상할 뿐만 아니라 사회적 효용 면에서도 훨씬 도움이 된다는 분위기가 생겨났다. 그런 고상한 유대를 위한 장소인 '남성 전용 클럽'이 엄청나게 활성화되었던 것은 당연한 귀결이었다.

이런 사회상을 반영하듯 문학 분야에서는 평생 우정을 나누며 마치 부부처럼 늘 함께하는 남성 커플들을 탄생시켰다. 로빈슨 크루소와 프라이데이를 그 원조 격으로 꼽는 학자들도 있지만, 아무래도 남성 커플 캐릭터는 사립학교가 융성했던 19세기에 제대로 모습을 갖추게 된다. 영국 역사에서 가장 대표적인 성장소설로 꼽히는《톰 브라운의 학창시절》(1857)만 하더라도 전반부에서 톰과 이스트, 후반부에서 톰과 아더 커플을 주축으로 이야기가 전개된다.[23] 19세기 후반에는 마침내 이 분야에서 가장 유명한 커플이 탄생했다. 셜록 홈스와 존 왓슨 말이다. 애거서가 푸아로와 헤이스팅스라는 남성 단짝을 설정했던 것은 그런 문학적 전통에 편승하는 안전한 방식이라고 생각해서가 아닐까.

이후 남성 커플은 배트맨과 로빈으로 재현되었는가 하면, 할리우드가 만들어낸 수많은 경찰 액션물에서 끊임없이 재생산되어왔다. 노회한 선임과 혈기 넘치는 신입 사이의 '파트너십'이라는 형태로 말이다. 퀴어에 대한 논의가 훨씬 정교해진 오늘날에도 영화, 특히 수사물에서 고답적이고 케케묵은 '버디(buddy) 문화' 혹은 '남성 본딩(bonding)'을 찾는 일은 어렵지 않다. 그들은 서로 싸우기도 하고 때로는 증오하기도 하지만 둘 사이의 애정은 절대불변의 요소다. 수작으로 평가되는 〈트루 디텍티브(True Detective)〉 시즌 1(2014)만 보더라도 그렇다. 한 여성을 둘러싼 갈등이 두 형사를 갈라놓지만 결국 그들은 화해하고, 둘 사이의 연대감을 재확인한다. 두 남성의 연대감은 시리즈의 배경을 이루는 루이지애나의 후텁지근한 대기만큼이나 끈끈하기 그지없다.

"저 노부인들이 도대체 무슨 능력으로
이 호텔에 묵을 수 있죠?"

6

호텔

《비둘기 속의 고양이》는 가상의 왕국 라맛에서 발생한 정치적 혼란을 사건의 출발점으로 삼는다. 라맛 왕국 황태자의 개인 조종사이자 친구인 밥 롤린슨은 폭동이 일어나자마자 라맛 최고급 호텔에 들어가 황태자가 맡긴 보석을 숨길 곳을 찾는다. 그 호텔은 "조심스럽게(modestly) 리츠 사보이(Ritz Savoy)라고 불리는 곳"이었다.[1] 리츠 호텔과 사보이 호텔을 합쳐놓은 것이다. 애거서는 왜 이 둘을 합쳐놓았을까.

호텔은 애거서의 소설에서 집과 탈것을 제외하고 가장 많이 등장하는 장소이다. 사보이 호텔이 가장 빈번하게 등장하고 그다음이 리츠 호텔이다. 물론 이 호텔들은 상류층의 계급성을 대변하는 일종의 미장센이다. 애거서가 두 번째로 발표한 소설《비밀 결사》를 예로 들어보자. 토머스 베레즈포드(토미) 중위는 특권의식으로 무장한 고급 장교들의 나태한 행태를 비판하며 그들이 매일같이 "육군성과 사보이 호텔을 왕복하는 일만 반복한다"라고 조소를 날린다.[2]《부머랭 살인사건》도 마찬가지다. 귀족의 딸인 프랜시스는 사보이 호텔에서 열리는 파티에 참석하곤 한다. 프랜시스는 그 파티가 지겨울 뿐이라고

말하는데, 애거서가 상류층 자제들의 소모적인 일상을 살짝 비꼬는 대목이다.[3]

그런데 손님이 어디 그들뿐이랴. 애거서 작품 속에는 사보이 호텔에 묵는 사람들이 차고 넘친다.《13인의 만찬》의 매력적인 여배우 제인 윌킨슨이 남편과 별거하며 지낸 곳도,《마술 살인》에서 마플에게 사건을 의뢰한 루스 반 라이독 부인이 영국에 오면 머무는 곳도 사보이 호텔이다.《부머랭 살인사건》에 나오는 청순가련형 여인 모이라 니콜슨도 런던에 갈 때는 주로 사보이 호텔에 머문다. 팔레스타인의 명승지에서 발생한 살인사건을 다룬《죽음과의 약속》에서 푸아로가 희생자의 가족들과 만나 후일담을 나누는 곳 역시 사보이 호텔의 식당이다.[4]

사보이 호텔은 명실상부한
영국 최초의 럭셔리 호텔이었다.

클래리지 호텔이나 도체스터 호텔도 고관대작과 재계의 큰손이 머무르는 호텔로 묘사되곤 하지만 애거서가 가장 많이 동원한 호텔은 단연코 사보이다. 영국 최초의 대규모 최고급 호텔이라는 역사와 전통 때문일 것이다. 그런 전통 있는 호텔이 어쩌다 비영국적인 '사보이'라는 이름을 갖게 되었을까? 그곳이 원래 사보이 궁전이 있던 자리이기 때문이다. 헨리 3세의 왕비 프로방스의 엘레아노르(Eleanor of Provence, 1223~1291)는 결혼 후 얼마 지나지 않아 외삼촌 사보이 백작 피터(Peter of Savoy, 1203~1268)를 영국으로 불러들였다. 사보이는 프랑스 남동부의 지명이자 그곳을 통치했던 가문의 이름이었다.

사보이 백작 피터는 엘레아노르가 영국으로 불러들인 수많은 친인척, 즉 '사보이 무리들(the Savoyards)' 중 하나였다. 헨리 3세는 그를 제1대 리치몬드 백작으로 봉하며 템스강 인근의 방대한 토지를 하사했고, 1263년 그곳에 사보이 궁전이 세워졌다. 리치몬드 백작은 곧 궁전을 성 버나드(St. Bernard) 수도회에 기부해 자선병원으로 쓰도록 했다. 세월이 흘러 1702년 병원은 폐쇄되었고 건물 일부는 군 감옥으로 쓰이게 되었는데 그마저도 1864년의 화재로 소실되어 황폐한 부지로 남아 있었다.

귀족의 궁전이 있던 자리가 극장으로 바뀌는 변화가 일어난 것은 19세기 후반이다. 1870년대 야심만만한 공연제작자 리처드 도일리 카트(Richard D'Oyly Carte, 1844~1901)는 폐허가 된 사보이 궁전 부지를 사들여 극장을 지었다. 귀족적인 전통에 편승하려 했는지는 몰라도 예전부터 내려오던 그 땅의 이름을 그대로 살려 '사보이 극장'으로 명명했다. 그곳은 극작가 길버트(W. S. Gilbert)와 작곡가 설리번(Arthur Sullivan)이 만드는 희가극을 상연하는 전용 극장이었다. 영국 문화에 관심이 있는 사람들에게는 아주 익숙할 '길버트와 설리번(G&S)' 콤비가 바로 그들이다.

두 사람은 〈마법사〉(1877) 〈군함 피나포〉(1878) 〈펜잔스의 해적〉(1879) 〈미카도〉(1885) 〈곤돌라의 사공〉(1889) 등 이른바 '영국식 오페라'를 만들어 대단한 성공을 거두었다. 길버트와 설리번의 오페라는 사보이 극장에서만 공연했기 때문에 '사보이 오페라'라 불렸다. 이 오페라 공연단은 700여 년 전 엘레아노르 왕비를 따라온 친인척을 부르던 '사보이 무리들'이라는 별칭을 이어받게 되었고 전국을 투어하며 수많은 관객의 사랑을 받았다.

애거서는 '인생에서 큰 즐거움의 하나가 극장'이라고 말했을 만큼 극장을 사랑했다.[5] 직접 연극을 하는 것도 무척 좋아해서 어린 시절에는 밤마다 동화를 연극으로 만들어 부모님 앞에서 공연했을 정도였다.[6] 그랬던 그녀가 영국 엔터테인먼트 산업의 선두를 달리던 길버트와 설리번의 공연에 익숙했던 것은 당연하다. 토키에서 지내던 어린 시절 애거서는 무척 외로웠는데, 드디어 또래 친구들을 사귀면서 그들과 함께 연극을 공연할 기회가 생겼다. 바로 길버트와 설리번의 작품인 〈근위대의 하사관〉이었다. 물론 어린이 버전으로 각색한 오페라였다. 애거서는 그 경험을 '생애 최고 순간 가운데 하나'로 기억했다.[7]

길버트와 설리번 작품이 연이어 크게 성공하자 제작자인 카트는 사보이 극장 옆에 호텔을 짓기로 마음먹었다. 미국을 방문했을 때 묵었던 멋진 호텔들의 엄청난 규모와 고급스러운 서비스에 감명을 받은 그는 영국에도 그런 현대식 호텔이 필요하다고 생각했다. 카트는 자기 호텔에 영국 귀족들뿐만 아니라 외국의 명사들을 유치하겠다는 야심을 품었다. 그리하여 1889년 완공된 사보이 호텔은 명실상부한 영국 최초의 럭셔리 호텔이었다. 건물 전체에 전기가 들어왔고 영국 최초로 전기로 작동되는 승강기가 설치되었고, 온종일 온수와 냉수가 나오는 등 당시에 혁신이라고 부르기에 손색이 없을 면면을 자랑했다.

카트는 그 큰 호텔을 운영할 전문가가 필요하다고 판단했다. 그

런던 사보이 호텔의 레스토랑(위)과 전기 승강기(아래)

1889년에 문을 연 사보이 호텔은 영국 최초의 대규모 최고급 호텔이었을 뿐 아니라 영국에서 처음으로 전기 승강기와 냉온수 수도 시설을 갖춘 현대식 호텔이었다. (출처: The Savoy Archive)

래서 훗날 리츠 호텔로 유명해질 호텔리어 세자르 리츠(César Ritz, 1850~1918)를 총괄 매니저로 영입했다. 리츠는 당시 유럽에서 명성을 떨치던 요리사 오귀스트 에스코피에(Auguste Escoffier)를 주방장으로 데려왔다. 사보이는 이제 최상의 호텔 서비스를 완벽하게 구축하고 그에 걸맞은 최고의 명성을 누리게 되었다. 국왕 에드워드 7세를 비롯하여 오스카 와일드, 윈스턴 처칠, 찰리 채플린, 해리 트루먼 미국 대통령, 엘리자베스 테일러 등 수많은 명사에게 사랑받는 영국 굴지의 호텔로 자리매김하게 된다. 전간기에는 미국의 거물들이 특히 많이 모여드는 바람에 런던의 사보이 호텔은 '미국의 49번째 주'라고 불리기도 했다.[8]

애거서 역시 사보이 호텔의 오랜 단골이었다. 1957년 연극으로 각색된 〈검찰 측 증인〉의 개막 파티가 열린 곳도 사보이 호텔이었다. 1958년 4월 12일 〈쥐덫〉이 런던에서 최장기간 상연된 연극으로 기록되었을 때 축하파티도 그곳에서 열렸다. 그날 초대장 없이 입장하려는 은발의 중년 여성을 도어맨이 제지하는 일이 있었다. 그녀는 수줍게 머뭇거리며 "사람들이 저를 잘 몰라본다는 사실을 알고 있습니다. …… 그런데 항상 저를 들여보내주더군요"라고 말했다.[9] 그녀가 바로 그 화려한 행사의 주인공인 애거서였다.

사보이를 최고의 호텔로 만든 일등공신은 단연코 리츠와 에스코피에였다. 그런데 그들은 1897년 별안간 카트로부터 해고통보를 받았다. 최근 밝혀진 기록에 따르면 이들이 호텔의 납품업자에게 뇌물을 받았고, 엄청난 양의 와인과 다른 값비싼 술을 빼돌렸다고 한다.[10] 리츠는 부당해고에 맞서 대대적인 소송전을 벌이겠다고 카트를 협박했으나 에스코피에는 조용히 떠나는 편이 자기들에게 유리하다고 판단했다. 어쨌든 그 결과로 리츠는 마드리드, 카이로, 요하네스버그, 로마 등에 호텔을 세우는 계획들을 추진하기에 이르렀고, 억만장자 투자자들을 끌어들여 파리의 방돔광장에 호텔 리츠(Hôtel Ritz Paris)를 개장했다.

사보이? 아니면 리츠?

1906년 런던에서도 최고급 호텔인 리츠가 문을 열었다. 런던 시내 한 중심가인 피카딜리에 세워진 리츠 호텔은 루이 16세 시대의 신고전주의적 외관과 거대한 샹들리에로 상징되는 호화로운 실내장식을 자랑했다. 애거서는 리츠 호텔도 좋아해서 50번째 소설《예고 살인》의 출간 축하파티를 그곳에서 개최했다. 사보이 호텔에서 쫓겨났던 리츠였기에 사보이를 능가하는 호텔을 만들겠다는 열망은 강렬했으리라. 리츠 호텔은 개장 직후부터 큰 성공을 거두며 사보이와 경쟁 구도를 이루게 된다. '사보이? 아니면 리츠?'라는 말은 런던을 방문하는 외국의 유명인사라면 누구나 도착하자마자 인사처럼 받게 되는 질문이자 관용구가 되었다.

애거서의 작품에는 두 호텔이 경쟁 관계였다는 사실을 드러내는 장면들이 꽤 있다.《푸른 열차의 죽음》에서 미국인 백만장자 루퍼스 반 올딘은 사보이 호텔에 머무는 반면 그의 딸 루스는 리츠를 선택한다.[11]《비밀 결사》에서도 미국의 백만장자 줄리어스 헤르사이머와 그의 연인이 될 제인 핀이 각각 사보이 호텔과 리츠 호텔에 머물고

런던 리츠 호텔의 레스토랑(위)과 객실의 거실(아래)

리츠 호텔은 1906년 런던에 문을 열자마자 최고급 호텔로서 사보이 호텔과 경쟁 구도를 이루게 된다. 거대하고 화려한 상들리에와 아름답고 고급스러운 객실 인테리어로 인기를 누렸다. (출처: theritzlondon.com)

있었다. 줄리어스는 사보이 호텔에서 리츠 호텔까지 어느 길로 가야 멀리 돌아가는지 잘 알고 있는데 리츠에 머무는 제인을 데려다주면서 데이트를 하기 위해서다.[12]

하나 더 살펴보자.《파도를 타고》에 나오는 젊은 미망인 로절린의 퍼로뱅크 저택은 돈을 쏟아부은 고급스러운 곳이었지만 주인의 개성이 전혀 드러나지 않는다. 푸아로는 그녀가 "마치 외국에서 온 방문객이 리츠 호텔이나 사보이 호텔에서 사는 것처럼" 퍼로뱅크에서 살아왔다고 생각한다.[13] 이렇게 보자면 애거서가 라맛 왕국의 최고급 호텔에 리츠-사보이라고 이름 붙인 이유가 대충 드러나는 것 같다. 애거서는 향후 발생할지도 모르는 모종의 분쟁을 피하려고 두 호텔에 공평하게 애정을 드러냈던 것이리라.

그런데 애거서의 작품세계에서 제일 중요한 호텔은 사보이도, 리츠도 아니다. 바로 버트램 호텔이다. 애거서는《버트램 호텔에서》(1965)에서 호텔 자체를 마치 주인공처럼 내세웠다. 그 영향이 얼마나 컸던지《버트램 호텔에서》가 출간된 이후 그곳이 실제로 어떤 호텔을 모델로 삼았는지를 두고 논란이 일었다. 1837년 메이페어에 세워진 고풍스러운 브라운스 호텔(Brown's Hotel)이 가장 유력한 후보로 점쳐졌다. 이 호텔은 나폴레옹 3세, 시어도어 루스벨트 등 유럽과 미국의 왕족과 정치가 들이 머물렀으며 오스카 와일드를 비롯해 아서 코넌 도일,《보물섬》으로 유명한 로버트 루이스 스티븐슨 등 작가들에게도 큰 사랑을 받았다. 애거서도 런던에 올 때마다 브라운스 호텔에 자주 머물렀다.

하지만 메이페어에 자리한 또 다른 호텔인 플레밍스(Flemings Hotel)

가 버트램의 모델이라는 주장도 만만치 않다. 플레밍스 호텔은 홈페이지에 '절대적인 권위'에 근거해 자기네 호텔이 버트램의 원형이라고 대놓고 홍보하고 있다. 그 절대적인 권위는 원래 《옥스퍼드 인명사전》이었는데, 어느 순간 그 부분은 슬며시 사라졌다. 그 대신 버트램 호텔 매니저 이름이 플레밍스의 매니저 이름과 흡사해서 애거서가 출간 직전에 이름을 바꾸었다는 설명을 덧붙이고 있다.[14]

버트램 호텔은 런던에서 아직도
'진짜 머핀'을 먹을 수 있는 유일한 곳

그런데 버트램 호텔이 특히 흥미로운 이유는 애거서가 호텔 자체에 마치 인물 캐릭터에 부여하는 것과 흡사한 '개성'을 부여했기 때문이다. 전쟁의 상처를 입지 않고 살아남은 건물, 1939년 때와 거의 똑같은 모습을 유지하도록 복원된 호텔은 그보다 훨씬 전인 에드워드 시대(보통 에드워드 7세 치세인 1901~1910년 동안을 일컫는 말) 영국으로 돌아간 듯한 분위기를 풍긴다. TV 같은 '신문물'은 눈에 띄지 않는 방에 교묘히 숨겨놓고 로비에서는 전통적인 방식으로 애프터눈티를 제공한다. 인디언, 실론, 다르질링, 랍상소우총 등 최고급 차는 로킹엄(Rockingham)이나 대븐포트(Davenport) 사의 찻잔에 담겨 서빙된다. 차와 함께 즐기는 다과는 청하기만 하면 무엇이든지 갖다 주었다. 버트램 호텔은 런던에서 아직도 '진짜 머핀'을 먹을 수 있는 유일한 곳이다.[15]

호텔의 스태프들은 또 어떠한가. 도어맨은 육군 원수로 착각할 만한 풍채와 태도를 지녔는가 하면 완벽한 집사장의 정중함을 갖춘 헨리는 흡사 장엄한 의식을 치르듯이 손님들의 찻잔에 차를 따른다. 객실 하녀는 라벤더색 줄무늬 유니폼에 깨끗한 모자를 쓴, 장밋빛 얼굴을 가진 시골스러운 아가씨다. 마치 시대극 영화에서 튀어나온 것 같은 완벽한 모습이다. 마플은 "도대체 이런 사람들을 어디서 찾아낸 거지?"라고 생각한다.[16] 그런가 하면 호텔의 총지배인인 험프리스는 호텔의 소유자인지 지배인인지 헷갈리는 모호한 분위기를 풍긴다. 너무 당당하고 훌륭한 태도를 지녀서 얼핏 보면 수상쯤으로 착각할 정도다. 그는 고객의 사회경제적 신분에 맞추어 노련하게 응대하는 기술을 갖추고 있었으나 결코 값싸게 굴지는 않았다.[17]

이처럼 '완벽한' 버트램 호텔에 묵으려면 상당한 수입과 사회적 신분이 필요할 터였다. 하지만 로비에는 가난한 노부인들이 가득했다. 그런 손님들의 존재를 도저히 이해할 수 없었던 러스컴 대령은 지배인에게 저 노부인들이 도대체 무슨 능력으로 이곳에 묵을 수 있느냐고 묻는다. 지배인은 호텔 측에서 그들을 위해 '특별가격'을 책정하고 있다고 대답한다. 물론 그들은 그런 사실을 모르고 있고, 설사 알게 되더라도 오랜 단골이라서 특별대우를 받는다고 생각할 것이라고 덧붙인다. 싼 객실료로 마플 같은 노부인들을 끌어들이는 것은 버트램 호텔의 영업비밀이었다. 노부인들은 영국의 오랜 전통에 열광하는 미국인 방문객들이 보고 싶어 하는, 바로 그 고풍스러운 분위기를 완성하는 액세서리였던 셈이다.[18]

버트램 호텔을 통해 애거서는 사보이나 리츠와는 전혀 다른 호텔의 상을 펼쳐 보인다. 그곳은 최첨단의 현대식 설비가 아닌 100년 전

쯤의 과거로 돌아간 듯한 분위기를 파는 곳이다. 물론 그곳은 예술 작품처럼 너무 완벽하고 예스러워서 비현실적이다. 실제로 버트램 호텔은 그 전체가 가짜이자 거대한 무대장치였던 것으로 드러난다. 그런 곳은 이제 더는 존재하지 않는다. 사보이와 리츠를 좋아했던 애거서가 굳이 고풍스러운 버트램 호텔을 내세운 것은 미국식 대형 호텔에 밀려 사라져가는 옛 호텔에 대한 향수 때문이 아니었을까.

"이튼 출신이라면 못하겠군!"

7

교육

《벙어리 목격자》의 한 장면을 보자. 에밀리 아룬델의 의문스러운 사망 사건으로 푸아로와 헤이스팅스는 아룬델 가문을 잘 아는 피바디 양을 찾아간다. 피바디 양은 외국인이라는 이유로 푸아로를 아예 무시한다. 그러고는 곁에 있는 헤이스팅스에게 품위 있는 영어를 구사할 수 있느냐고 물으며 "어느 학교를 나왔소?"라고 덧붙인다. 헤이스팅스가 이튼(Eton)에 다녔다고 대답하자 "그렇다면 못하겠군!"이라고 말한다.[1]

애거서의 작품에는 이튼 학교가 종종 나온다. 이튼은 영국에서 '그레이트' 퍼블릭 스쿨(Great Public School)로 분류되는 아홉 개의 학교—이튼, 윈체스터(Winchester), 웨스트민스터(Westminster), 해로(Harrow), 럭비(Rugby), 슈루즈베리(Shrewsbury), 차터하우스(Charterhouse), 세인트폴스(St. Pauls), 머천트 테일러스(Merchant Taylor's)—가운데 가장 유명한 곳이다. 퍼블릭(Public, 공립)이라는 이름을 달고 있지만 실제로는 사립학교로, 미국과 달리 영국의 퍼블릭 스쿨은 사립학교로 번역하는 것이 맞다.

사립학교는 고액의 학비를 내야 하는 곳이자 상류층의 학교라는 강한 계급성을 띤다. 영국 상류계급의 자제들은 대부분 7~8세에 집에서 가까운 작은 퍼블릭 스쿨에 보내지고, 11~12세가 되면 그레이트 퍼블릭 스쿨로 진학했다. 18~19세까지 기숙사 생활이 원칙인 교육과정이 끝나면 옥스퍼드나 케임브리지 대학으로 진학하는 것이 정해진 코스였다. 사립학교 출신들은 정부 요직과 금융, 제국경영기구의 상층부를 독점하다시피 했다.[2]

제리 오빠는 비싼 사립학교 교육을 받았어요.
그래서 라틴어를 들어도 잘 몰라요.

그런데 등장인물들은 피바디 양이 그랬던 것처럼 명문 학교 이튼을 썩 좋게 보지 않는다. 비단 이튼 뿐만 아니라 사립학교 전반에 관해 뜨뜻미지근한 태도를 보인다. 《움직이는 손가락》만 해도 그렇다. 마을의 목사가 어려운 라틴어를 사용한다는 이야기가 나오자 조애너가 "제리 오빠는 비싼 사립학교 교육을 받았어요. 그래서 라틴어를 들어도 잘 몰라요"라고 놀린다.[3] 애거서의 작품에는 상류층 인물들이 많이 등장하기 때문에 사립학교가 자주 언급되는 것은 어쩌면 당연하다. 그런데 왜 그렇게 사립학교를 좋지 않게 그려냈을까?

우선 애거서가 개인적 경험 때문에 사립학교를 부정적으로 인식했을 가능성이 있다. 애거서에게는 '몬티(Monty)'라는 애칭으로 불린 오빠(Louis Montant Miller, 1880~1929)가 있었는데, 그는 그레이트 퍼블릭 스쿨의 하나인 해로에 다녔다. 몬티는 애거서보다 열 살이 많았던 터라 애거서가 철이 들 무렵에는 이미 해로 학생이었다. 애거서는 《자서전》에서 자기 오빠를 심하다 싶을 만큼 부정적으로 묘사했다.[4] 오빠는 아버지가 가장 아끼던 자식이었지만 성공에는 부적합한 인간이었고 죽을 때까지 항상 누군가에게 골칫덩어리였다. 평생 진지한 적이 없었으며 무언가에 몰두하지 않고 사치를 일삼으며 수많은 애인에 둘러싸여 살았다. 그래서 오빠의 부덕함을 사립학교와 연결짓지 않았을까.

그런데 몬티에게는 특별한 능력이 있었다. 상대방을 노예로 만드는 재주 말이다.[5] 그렇게 보자면 몬티는 《누명》의 잭 아가일과 《벙어리 목격자》의 찰스처럼 여인을 꼬드겨 무언가를 얻어내는 매력적인 불한당과 비슷하기도 하다. 나는 애거서가 몬티를 모델 삼아 그 캐릭터들을 만들어냈다고 확신한다. 몬티는 해로에서 3년을 보낸 후 도저히 공부가 적성에 맞지 않아 학교를 그만두었고, 때맞춰 보어전쟁이 발발하자 장교로 입대하여 아프리카에서 복무했다. 거기서 열병에 걸려 상당한 양의 마약을 주입받게 되었는데, 그 후 마약을 끊지 못하고 결국 49세의 나이로 사망했다.[6]

누가 나더러 교육받지 못했다고 말하겠어요?

애거서가 사립학교를 싫어한 또 다른 이유는 학교생활이라는 경험 자체를 박탈당했던 사실과 관련 있을 것 같다. 즉, 일종의 신 포도 같은 것이다. 애거서의 오빠는 해로에 다녔고, 언니는 브라이턴의 여학교에 진학했지만 애거서는 정규교육을 받지 못했다. 그전까지 여자아이들의 교육에 열성적이었던 어머니가 갑자기 8세 이전의 아이는 글을 배우면 안 된다고 고집하며 애거서를 학교에 보내지 않았기 때문이다. 그편이 눈과 뇌에 더 좋다는 명분을 내세우면서 말이다.[7] 그런데 애거서는 다섯 살이 되기 전에 혼자 글을 깨우쳤고 엄청난 양의 책을 읽어치웠다.

애거서를 학교에 보내지 않은 것은 당시 가세가 급격히 기울던 탓도 있다. 애거서가 학교에 갈 나이가 되었을 무렵 부모님은 집을 세놓고 생활비가 훨씬 저렴한 해외로 애거서를 데리고 이사했다. 그런 와중에 파리에서 잠깐, 영국에 돌아왔을 때 잠깐, 학교 비슷한 곳에 등록한 적도 있다. 하지만 곧 그만두었고 애거서는 학교 시스템 안에서 정식으로 교육받은 적이 전혀 없었다. 중류층 이상 아이들을 학교에 보내지 않으면 보통 가정교사를 두고 사교육을 시키는 것이 당시 영국의 관행이었다. 하지만 애거서는 오롯이 '독학'으로 공부했다. 애거서는 그것을 썩 자랑스러워하지는 않은 것 같다. 《자서전》에서 씁쓸한 어조로 자기 또래 아이들은 대부분 가정교사가 있었지만 자기는 가정교사가 없었다고 여러 차례 말했다.[8] 하지만 피아노, 발레, 성악, 연극 같은 다양한 예술교육은 충분히 받을 수 있었다.

예측 가능한 얘기이겠지만 애거서는 엄청난 독서광이었다. 그녀는 《자서전》에서 어린 시절 자신을 사로잡았던 수많은 책에 대한 감상을 늘어놓은 적이 있다. 흥미롭게도 그 목록의 축소판을 《운명의 문》(1973)에서 만날 수 있다. 소설 첫머리에 터펜스가 새집으로 이사해서 책을 정리하는 장면에서다. 터펜스는 책마다 얽힌 추억을 회상하다가 로버트 루이스 스티븐슨의 《검은 화살(The Black Arrow)》 속에서 암호 같은 밑줄을 발견한다. 그 암호로 인해 터펜스는 위험한 음

댄서 옷을 입은 애거서 크리스티(가운데)
애거서는 어린 시절 정규교육을 받지 못했지만, 음악, 무용, 연극 등 다양한 예술교육을 받았다. 친구들과 연극이나 무용 공연을 하기도 했다. 사진은 1904년경 무용 수업 중에 찍은 것이다. (출처: iacf-uk.org.com)

모에 휘말리게 된다.[9]

이처럼 애거서는 자신의 독서 경험을 소설의 구석구석에 새겨넣었다. 테니슨, 키플링, 디킨스, 체호프, 도스토옙스키, 괴테, 조지 엘리엇 등이 자주 등장한다. 이들처럼 교과서에 나올 법한 작가를 거론하는 일은 애거서가 자신도 학교 커리큘럼 정도의 지식은 섭렵하고 있음을 애써 드러내는 것처럼 느껴진다. 그런데 가끔 그녀의 작품에서 예상을 뛰어넘는 전문적인 책들이 갑자기 튀어나오곤 해서 뜻밖의 즐거움을 선사한다.

《나일강의 죽음》을 보자. 푸아로와 레이스 대령은 분실된 진주 목걸이를 찾기 위해 선실을 수색한다. 공산주의를 신봉하는 퍼거슨의 선실에서 새뮤얼 버틀러(Samuel Butler, 1835~1902)의 《에레혼(Erewhon)》이 나오는 것은 그럴 만한 일이다. 그런데 거기서 새뮤얼 피프스(Samuel Pepys, 1633~1703)의 《일기(Diary)》가 나오다니![10] 그 싸구려 판본은 피프스의 은밀한 사생활로 가득 찬 민망한 읽을거리다. 피프스 자신도 부끄러웠는지 원래 암호로 기록했던 것이 19세기에 해독되어 출판된 것이다.

그런데 더 놀라운 사례는 《창백한 말》에서 찾을 수 있다. '마녀' 사이자 그레이의 집 서가에 《마녀의 망치(Malleus Maleficarum)》 초판본이 놓여 있는 것이다.[11] 《마녀의 망치》는 무시무시한 마녀사냥이 일어나게 만든 불쏘시개이자 마녀색출의 교본으로, 라틴어로 쓰인 희귀하기 짝이 없는 책이기 때문이다. 제대로 교육받지 못한 시골 사기꾼 아낙네 집에서 발견될 만한 책이 절대로 아니었다.

애거서의 소설에는 '독서광'인 저자가 새로운 책과 이론을 열심히 따라잡으려 했음을 암시하는 대목도 많다. 대표적으로 꼽을 만한 것은《프랑크푸르트행 승객》이다. 레이디 마틸다는 마플의 귀족 버전이라고 부를 수 있을 만한 예리한 노부인이다. 그녀는 독일 어디쯤의 호텔에 투숙하게 되었는데 객실 서가에 비치된 책들을 훑어본다. 늘어선 페이퍼백 판본들은 "현대의 세계적인 예언자들의 설교와 교의를 모아놓은 …… 마르쿠제, 게바라, 레비스트로스, 파농의 책"이었다.[12] 학자들이 '싸구려 심심풀이 읽을거리'로 깎아내리곤 했던 애거서의 소설에 이런 책들이 나오다니 놀랍지 않은가.《엔드하우스의 비극》에서 주인공 닉 버클리가 "누가 나더러 교육받지 못했다고 말하겠어요?"라고 말하는데, 그 항변이 마치 애거서가 하는 말로 들린다.[13]

마치 쉰 살 먹은 오필리아 같군요.

그런데 실제로 애거서의 소설에 가장 많이 등장하는 '문학적 권위'를 꼽자면 단연 윌리엄 셰익스피어와 성경이다. 애거서가 성경과 셰익스피어 다음으로 전 세계에서 책이 가장 많이 팔리는 작가라는 통계를 떠올리자면 묘한 우연이 아닐 수 없다. 세속적인 추리소설에 성경이 많이 인용되는 까닭은 애거서가 기독교 신자였다는 사실과 무관하지 않다. 하지만 그보다는 당시 영국의 사회적인 분위기가 더 큰 영향을 끼쳤다. 20세기 중반까지도 영국에서는 기독교적 도덕성이 강력한 사회적 규범으로 작동했기 때문이다. 이와 관련해 테일러(A. J. P. Taylor)는 "영국은 신앙보다는 도덕적인 차원에서 계속 기독교

인으로 남아 있었다"라고 주장했다.[14] 그래서 애거서가 활동하던 시기의 대중소설에 종교적인 내용이나 메시지가 많았다.

셰익스피어 또한 20세기 중반까지도 추리소설에 자주 나타나던 요소였다. 작가들은 셰익스피어 작품을 동원해서 사건의 구도를 설정하거나, 혹은 그의 작품 속 등장인물이나 대사를 인용함으로써 범인의 동기나 정체성을 암시했다. 《삼나무 관》만 해도 그렇다. 책을 들추면 《12야(十二夜)》의 한 구절인 "오라, 오라, 죽음이여(Come away, come away, death)"가 나타난다. 이 시는 이야기의 분위기를 설정하는 한편 플롯을 관통하며 소설 전체를 장악해버린다.

《복수의 여신》은 또 어떠한가. "마치 쉰 살 먹은 오필리아 같군요"[15] 같은 대사는 상대 캐릭터를 분명하게 설정해주는 은유다. 《커튼》에서 이아고가 자꾸 언급되는 일이나 푸아로가 헤이스팅스에게 남긴 《오셀로》 싸구려판은 애거서가 자기의 소설의 플롯과 셰익스피어 작품을 노골적으로 병행시켜 활용한 예이다.

이처럼 추리물에 셰익스피어를 동원하는 일은 저급한 대중소설이라고 폄하되는 이 장르가 최고의 문학적 권위에 기대어 격을 높이려는 전략이었다. 또 소설 속 등장인물은 자신의 지적, 도덕적 우월성을 드러내기 위해 셰익스피어를 인용하곤 한다. 영국 추리소설에는 종종 누군가가 셰익스피어 작품과 관련된 비유를 던지고 상대방이 그것을 알아듣지 못하는 장면이 나오는데, 그것은 두 사람의 지적 능력의 차이를 단박에 가시화하는 장치로 사용된다.[16] 그뿐만 아니라 추리소설에서 뜻밖에 자기에게 익숙한 셰익스피어 작품을 만나게 된 독자라면 색다른 지적 충만감을 느꼈을 것이다.

20세기 들어 셰익스피어 연구에서 큰 변화와 발전이 이루어졌는데,[17] 애거서는 그런 학계의 연구 경향까지 열심히 습득하고 작품에 반영했다. 그중 압권은 《창백한 말》의 한 대목이다. 역사학자 마크 이스터브룩은 셰익스피어가 요즘 공연되는 자기 작품을 본다면 놀랄 것이라고 말한다. 친구 데이비드는 셰익스피어가 생전에 버비지 극단(Burbage and Company)에 이미 충분히 실망했다고 받아친다. 그런데 포피가 끼어들어 "셰익스피어 작품을 실제로 쓴 게 베이컨인가 하는 사람이라면서요?"라고 묻자 그건 이미 한물간 얘기라고 데이비드가 대답한다. 포피는 이때 베이컨을 화약을 발명한 로저 베이컨과 혼동했다. 데이비드는 "귀여운 녀석, 로저가 아니라 프랜시스야"라고 바로잡아준다.[18] 이렇게 추리물에서 셰익스피어를 자주 인용하는 관행은 이 위대한 문필가에 대한 존경을 드러내는 동시에 대중문화에서 셰익스피어를 끊임없이 '살아있도록' 만들었다.[19]

황태자를 사립학교에서 교육받게 한 것은
현명치 못한 일이었어요.

멀리 돌아왔다. 이제 다시 이튼에 대한 부정적 시선으로 돌아가 보자. 애거서가 이튼을 시시껄렁하게 취급한 것은 사립학교에 대한 거부감이 증가하던 당시 사회의 분위기를 그저 소설에 투영했을 수도 있다. 실제로 20세기가 되면서 영국에서는 사립학교 무용론에 동의하는 사람들이 많아졌다. 애거서는 작품에서 이튼, 나아가 이튼을 졸업한 후 통상적으로 진학하는 옥스퍼드나 케임브리지 출신 인물들을 사회적인 무능력자로 묘사하곤 했다.

그 한 예가 《침니스의 비밀》이다. 버지니아 레블은 일자리를 구하러 찾아온 젊은이 앤서니 케이드에게 왠지 모를 호감을 느낀다. "죄송하지만…… 당신은 어쩐지……"라면서 말을 흐리는 버지니아에게 앤서니는 자신이 이튼과 옥스퍼드 출신이라고 말한다. "그걸 물어보려던 거지요?"라면서 말이다. 이 짧은 대화는 묘한 긴장을 담고 있다. 왠지 잘 배운 부잣집 도련님 같은데, 백수 같은 분위기가 난다는 말이다. '실업자' 앤서니는 졸업 후 막상 세상에 나와보니 자신에게 건실한 일에 매진할 능력이 없다는 것을 깨달았다고 덧붙인다.[20]

사립학교 교육이 쓸모없다는 세간의 평은 외국에서 유학 온 왕족에게도 마찬가지로 적용되었다. 《비둘기 속의 고양이》는 도입부에서 라맛 왕국의 황태자 알리 유수프의 죽음을 다룬다. 그는 비행기 사고로 위장한 공작에 의해 살해당한 것이다. 정보원 로빈슨 씨는 영국 정보국 관계자에게 유수프가 부패와 반역에 저항할 능력이 없어서 제거당했다고 보고한다. 그는 "황태자를 (영국의) 사립학교에서 교육받게 한 것은 현명치 못한 일이었어요. 최소한 제 견해로는 그렇습니다"라고 말한다.[21]

더 심한 경우들도 있다. 명문 학교 출신들은 종종 범죄에 연루된 전력이 있는 사람들로 그려진다. 《푸른 열차의 죽음》에서 데바이즈 공작의 아들은 도둑질하다 걸려서 이튼에서 퇴학당했고, 《벙어리 목격자》의 아룬델 부인의 조카 찰스 역시 옥스퍼드 대학에서 위조수표로 문제가 된 적이 있다. 교묘한 악당으로 둘째가라면 서러울 두 사람, 《부머랭 살인사건》의 로저 배싱턴프렌치와 《3막의 비극》의 찰스 카트라이트 경 모두 옥스퍼드 출신이다.

이런 사립학교 무용론은 제1차 세계대전으로 그 목소리가 높아졌다. 전쟁이 발발하자 해로 출신들이 장악하고 있던 영국군은 사립학교 학생이라면 무조건 장교로 임명했다. 관례상 그럴 수 있었다. 사립학교는 19세기에 '제국의 온상(nurseries of empire)'으로 불렸고 졸업생 대다수가 영국 식민지 곳곳에서 지휘관으로 활동했던 전력이 있었기 때문이다. 하지만 그것은 '마지막 구식전쟁'으로 불리던 보어전쟁 때까지였고, 제1차 세계대전은 그 양상이 전혀 달랐다. 전쟁에 대해서도, 세상 물정에 대해서도 전혀 모르는 도련님들이 갑자기 완전히 다른 삶을 살아온 100여 명의 노동계급 출신 젊은이들을 인솔해야 했다. 이 고상한 장교들은 종종 허무주의적인 태도로, 마치 고전의 영웅처럼 전쟁터에서 죽는 것이 가장 고귀한 일인 양 죽어갔다.

이런 참담한 상황은 19세기 이래 사립학교가 양산해온 계급적 특권의식이 낳은 결과였다. 퍼블릭 스쿨은 엄격한 위계와 의식화된 코드, 계율과 질서의 총본산이다. 그것의 핵심에는 지독하게도 배타적인 엘리트 의식이 있었다. 오래전 이튼 출신들은 서로를 확인할 때 "어느 학교에 다녔나요?" 대신 "학교에 다녔나요(Did you go to school)?"라고 물었다.[22] 그들에게 학교(school)는 곧 이튼 학교(Eton school)를 의미하는 것으로, 세상에 단 하나의 학교만 있는 셈이었다. 이처럼 '특권층'이라는 자각은 자신들이 최고라는 끊임없는 자기최면의 과정을 통해 견고해진다.

사립학교 출신들은 옥스브리지(옥스퍼드와 케임브리지를 합쳐 부르는 말)를 거쳐 영국의 정치와 경제, 문화의 핵심부로 진출했다. 오늘

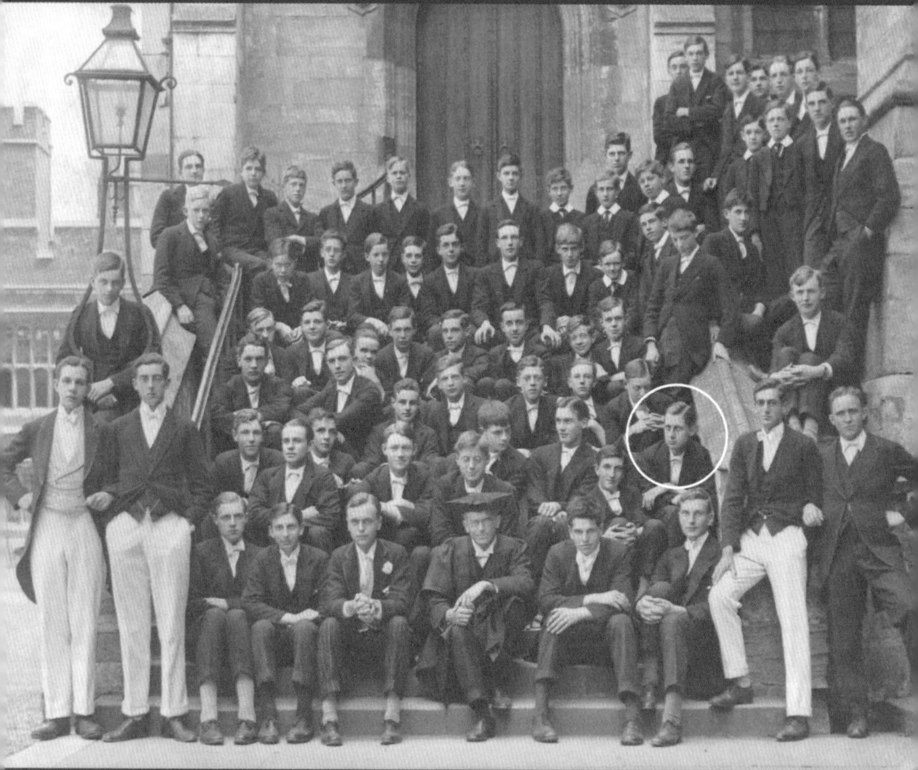

이튼 학생들의 단체 사진(1921년)

그레이트 퍼블릭 스쿨 이튼 학교는 1440년 헨리 6세가 설립한 영국에서 가장 규모가 크고 명망 높은 학교다. 이튼 학교 졸업생 중에는 유명한 작가와 배우도 많다. 조지 오웰도 그중 한 명으로, 사진에서 동그라미 안의 학생이 바로 그다. (출처: © John Johnston, flikr.com)

날까지도 영국에서 정치, 군 수뇌부, 법률, 언론, 금융 등은 사립학교 졸업생들이 지배하는 분야로 굳건하게 남아 있다. 그리고 퍼블릭 스쿨에서 경험하는 집단적 나르시시즘은 졸업 후에도 동문에 대한 충성심과 외부인에 대한 의심의 형태로 진화했다.

2016년 기준 영국에서 학비를 내고 다니는 사립학교 학생은 전체 학생 수의 7퍼센트에 불과했지만, 그들은 케임브리지 입학생 전체의 34퍼센트, 옥스퍼드의 경우 25퍼센트를 차지했다.[23] 최근에는 이른바 '글로벌 슈퍼리치(global super-rich)'들의 자녀가 영국 퍼블릭 스쿨에 입학하는 일이 확연히 늘어나고 있다. 그들은 이제 글로벌한 친영파 엘리트 집단을 만들 것이다.

영국 퍼블릭 스쿨이 누리는 세계적인 인기가 《해리포터》 같은 콘텐츠의 엄청난 성공과 무관하다고 말하기는 어려울 것이다. 《해리포터》의 호그와트 스쿨이 영국의 사립학교를 재현하기 때문이다. 물론 호그와트의 만찬장은 이튼이 아니라 옥스퍼드의 크라이스트처치 칼리지다. 그리고 헤르미온느 같은 똑똑한 학생은 입학할 수 없다. 이튼은 아직도 여학생 입학을 허용하지 않는다.

"난 작가인 척하고 있을 뿐이다"

8

신분 도용

1926년 12월 3일 애거서는 '스타일즈'라고 이름 붙인 서닝데일의 자택에서 나간 뒤 사라져버렸다. 대대적인 수색이 시작되었고, 멀지 않은 곳에서 그녀의 소지품이 그대로 놓인 자동차만 발견되었다. 한 신문사는 현상금 100파운드(2019년 기준 6,000파운드)를 내걸었고, '남편의 외도에 충격받은 젊은 여성 추리작가의 실종'은 매일같이 신문을 장식하며 엄청난 화젯거리가 되었다. 애거서는 11일이 지난 후에야 해러게이트(Herrogate)의 한 스파 호텔에서 발견되었다. 남편과 의사는 애거서가 일시적인 기억상실증에 걸렸다고 발표했다.

짐이 거의 없는 상태로 도착했던 애거서가 호텔 숙박부에 쓴 이름은 '케이프타운 출신 테레사 닐 부인(Mrs. Theresa Neele)'이었다.[1] 흥미로운 것은 그 당시 남편의 외도 상대가 낸시 닐(Nancy Neele)이었다는 사실이다. 도대체 애거서는 왜 하필 그 여자의 성을 사용했단 말인가? 혹시 애거서는 자신이 남편의 애인이기를 간절히 원했던 것은 아닐까?

어린 시절 나는 그 무엇보다도

'레이디 애거서'가 되고 싶었다.

어린 시절 애거서에게 다른 사람인 척하는 놀이는 익숙한 일상이었다. 주변에 또래 친구가 없어 외로웠던 애거서는 매일같이 상상놀이를 했다. 수많은 친구를 상상으로 만들어냈는가 하면 자기가 고양이인 척하고 고양이 가족까지 꾸며냈다.[2] 일링에 살던 이모할머니댁에는 근사한 화장실이 있었는데, 애거서는 그곳에 갈 때마다 여왕놀이를 했다. 마호가니 변기에 앉아 마치 옥좌에 앉은 여왕처럼 청중이 키스할 수 있도록 손을 내밀었다.[3] 애거서는 "어린 시절 나는 그 무엇보다도 언젠가 '레이디(귀족의 딸이나 부인에게 붙이는 경칭) 애거서'가 되고 싶었다"라고 회고한다.[4]

애거서가 그런 꿈을 꾸게 된 데는 계기가 있었다. 여섯 살 때 애거서는 런던의 드루리 레인(Drury Lane)으로 팬터마임 〈머더 구스〉 공연을 보러 갔다. 그때 평생 잊지 못할 '신나는 사건'이 발생했다. 로열석에 왕자 두 명이 앉아있었는데 에디 왕자(Prince Eddy)가 그만 프로그램 팸플릿과 오페라글라스를 떨어뜨렸다. 그것은 애거서가 앉은 좌석 가까이에 떨어졌고, 예의 바른 왕자님은 시종을 시키지 않고 손수 가지러 내려와서는 다치지 않았느냐며 정중하게 사과를 했다. 그날 밤 애거서는 에디 왕자님과 결혼하는 환상에 젖었고, 동화책에서처럼 왕자와 결혼해서 멋지게 신분의 차이를 극복하리라는 야망에 불타올랐다. 심지어 왕자님이 사고로 다쳐 피를 많이 흘린다면 자신의 피를 몽땅 수혈해주리라 마음먹었다.[5]

애거서가 레이디 타령을 해대자 아주 현실적이었던 유모는 그런 일은 일어날 수 없다고 따끔하게 가르쳐주었다. 귀족의 딸로 태어나지 못했기 때문에 결코 레이디가 될 수 없다고 말이다. 그러면서 덧붙인 말이 흥미롭다. "물론 공작이랑 결혼해도 공작 부인으로 불리기는 하지만, 남편 작위 때문인 거죠. 그건 자기가 갖고 태어난 것이 아니죠."[6] 진본성에 대해 아주 엄격한 기준을 지닌 유모가 아닐 수 없다. 이때 어린 애거서는 세상에는 도저히 이룰 수 없는 것이 존재한다는 냉혹한 현실을 깨달았다고 한다. 그리고 그런 사실은 빨리 깨달을수록 좋다고도 했다. 하지만 상상 속에서 누군가가 되어보는 일은 뭐 어떠랴. 그래서인지 애거서의 작품세계에는 신원을 속인 가짜들로 넘쳐난다.

스타 가문을 공부하느라 들인 시간이 얼만데.
아, 정말 운도 없지.

우선 희생자의 신원을 누군가가 고의로 뒤바꿔놓은 사례를 보자. 《서재의 시체》는 그 시작부터 아주 드라마틱하다. 고싱턴 홀에서 젊은 여성의 시체가 발견되자 고즈넉한 시골 마을이 발칵 뒤집힌다. 짙은 화장, 화려한 새틴 이브닝드레스에 정성 들여 컬을 말아 넣은 금발 머리를 한 여성은 그 요란스러운 차림새 때문에 곧 마제스틱 호텔에서 댄서로 일하는 루비 킨으로 지목된다.[7] 시체의 손가락을 유심히 살펴보던 마플을 제외하고는 아무도 그 사실을 의심하지 않는다. 《복수의 여신》에서도 시체의 신원이 뒤바뀐 플롯이 반복되는 것을 알 수 있다. 한적한 오솔길에서 훼손된 시신이 발견되고 가까운 이들은 그 주검이 베리티 헌트라고 확인했다. 하지만 진실은 마플이 등장하기 전까지 아주 오랫동안 꽃과 덩굴로 뒤덮인 정원의 한 언덕에 묻혀있었다.

한편, 등장인물이 자발적으로 나서서 가짜 신분을 만들어내는 경우들도 있다. 더 나은 대접을 받으려고 거짓으로 자신을 포장하는 캐릭터는 귀여운 수준이다. 《크리스마스 살인》의 매력적인 아가씨 필라르 에스트라바도스가 그렇다. 부유한 할아버지를 찾아온 손녀는 사실 사고로 죽은 손녀의 친구다. 《푸른 열차의 죽음》에 나오는 로슈 백작도 마찬가지다. 그는 루이 15세의 코담뱃갑이며 마리 앙투아네트가 신던 새틴 신발 등 너무나도 역사적인 '가문의 유산'을 방문객들에게 자랑하는 인물이다.[8] 하지만 그의 아버지는 귀족이 아니라 의심스러운 과거를 가진 낭트의 곡물상이었다. 여기서 살짝 반전이 또 있다. 로슈는 너무나도 귀족적으로 생겼던지라 사람들이 그의 출신에 대해 귓속말로라도 속삭이는 일을 '신성모독으로 느낄' 정도였다.[9]

《서재의 시체》에 나오는 마제스틱 호텔의 댄서 레이먼드 스타는 어떠한가. 그는 키가 크고 유연한 몸을 가진 미남으로, 피부는 검게 탔지만 우아하고 품위가 있다.[10] 헨리 경은 그가 몰락한 명문가 알스몬스턴 스타 가문의 후손이라는 말을 듣고 안타까움을 금치 못한다.[11] 레이먼드가 혈통 이야기를 아주 은근하게 흘리는 바람에 더 신빙성이 있었던 것 같다. 하지만 결국 그 혈통이 거짓이었음이 폭로되고 만다. 레이먼드가 "데븐셔의 스타 가문을 공부하느라 들인 시

간이 얼만데. 아. 정말 운도 없지"라고 중얼거리는 대목은 웃음 포인트다.[12]

누군가 사칭하는 일이 물고 물리는, 아주 복잡한 플롯을 자랑하는 작품도 있다. 가장 눈에 띄는 것은《바그다드의 비밀》(1951)이다. 주인공 빅토리아 존스는 속기사 겸 타이피스트로, 직장 상사의 부인을 우스꽝스럽게 흉내내다가 일자리를 잃는다. 그때 우연히 만난 남자에게 첫눈에 반해 그 남자가 있다는 바그다드에 가려고 안간힘을 쓴다. 가상의 인물 랭고 주교의 조카딸, 나중에는 유명한 고고학자 파운스풋 존스의 조카 행세를 하면서 말이다. 리츠 호텔 휴게실에 숨어들어 그곳에 비치된 호텔 편지지로 유명한 귀족 부인의 이름을 도용해 추천장까지 만들어 제출한다.[13] 그런데 결국 빅토리아는 그녀와 닮은 누군가의 대역을 위해 바그다드로 '유인'되었음이 드러난다. 그녀를 유혹한 '교회 오빠 스타일'의 남자는 실제로는 무시무시한 악당으로, 달콤하고 부드러운 캐릭터를 연기해온 가짜였다.

어디 그뿐이랴.《세 번째 여자》,《코끼리는 기억한다》,《애국 살인》에서도 가짜가 진짜인 척하는 역할극이 사건의 핵심이다. 아예 대놓고 본격적으로 대역 모티브를 활용한 소설도 있다. 바로《13인의 만찬》이다. 앞서 언급한 작품들에서 가짜들이 자발적으로 범죄에 가담했다면《13인의 만찬》에 나오는 대역은 정식 고용된 직업 배우다. 남을 흉내 내는 흥행극의 주인공인 애덤스는 장난인 줄 알고 그 일을 맡았다가 희생되고 만다. 이처럼 대역 모티브가 자주 사용되는 것은 애거서가 연극을 매우 좋아했고 실제로 희곡 작가로도 이름을 날렸던 이유도 한몫했을 것이다.

그런데 살짝 결이 다른 신분 도용도 있다. 《파도를 타고》는 문학적 전통을 적극적으로 활용해 가짜 신분을 만들었다는 점에서 특기할 만하다. 정체 모를 로절린 클로드는 남편의 급사로 온 가족의 돈줄을 틀어쥐게 된다. 그런 상황이 불만이었던 가족들 앞에 어느 날 죽은 줄 알았던 로절린의 전남편 로버트 언더헤이가 나타난다. 마을 여관에 들어선 그는 숙박부에 "이녹 아든, 케이프타운에서 옴, 영국인"이라고 적는다.[14] 누가 보더라도 알프레드 테니슨(Alfred Tennyson, 1809~1892)의 서사시 《이녹 아든(Enoch Arden)》의 알레고리라는 게 뻔하다.

이보다 더 재미있는 대목은 그 알레고리를 소설 속 인물들도 알고 있다는 점이다. 푸아로와 대면한 롤리 클로드는 이녹 아든은 그의 진짜 이름이 아니라 테니슨의 시에서 가져온 이름일 뿐이라고 호소한다. "열심히 찾아봤단 말입니다. 고향에 돌아온 사내가 자기 아내가 다른 사내와 결혼한 걸 알게 된 얘기요"라면서 말이다.[15] 물론 그 얘기가 맞다. 하지만 자신이 로버트라고 주장하는 사람이 그 서사시의 결말처럼 아내 로절린의 행복을 위해 조용히 자신을 희생하려고 했는지는 의문이다.

이녹 아든처럼 죽은 줄 알았던 사람이 오랜 세월이 지나서 갑자기 나타나는 이야기는 실제로 옛날부터 유럽 곳곳에 전해 내려오는 전설이었다. 테니슨이 서사시로 만든 이후로도 수많은 소설과 영화에서 다루었기 때문에 아예 '이녹 아든 플롯'이라는 말이 있을 정도다. 프랑스에도 이와 유사한 전설로 마르탱 게르(Martin Guerre) 이야기가 있는데, 프랑스에서 〈마르탱 게르의 귀향(Le Retour de Martin Guerre)〉(1982), 미국에서 〈써머스비(Sommersby)〉(1993) 등의 영화로 만들어져서 유명해졌다. 프랑스판 영화 제작에 참여했던 역사학자 나탈리 제먼 데이비스(Natalie Zemon Davis)는 영화가 미처 다 담아내지 못한 역사적 맥락을 《마르탱 게르의 귀향(The Return of Martin Guerre)》이라는 책으로 펴냈다.[16]

그런데 마르탱 게르는 이녹 아든과 결정적으로 다른 부분이 있다. 숭고한 희생자 이녹과 달리 가짜 마르탱은 진짜인 척하며 부인과 가족, 재산을 차지하고 아주 잘 살아간다. 물론 진짜 마르탱이 나타나기 전까지 말이다. 어떻게 그것이 가능했을까? 내가 보기에 마르탱 게르 이야기의 핵심은 가짜 마르탱이 나타났을 때 어떻게 마을 사람들이며 가족, 특히 잠자리를 같이하는 부인까지 속일 수 있었는가 하는 부분이다.

신기하게도 《파도를 타고》의 가짜 로버트 언더헤이, 《이녹 아든》의 이녹, 《마르탱 게르의 귀향》의 가짜 마르탱 모두 고향에 도착한 뒤 곧바로 집으로 가지 않고 여관에 머무른다. 돌아가는 상황을 살피면서 여관 주인에게 '자신의 신분'을 슬며시 드러낸다. 가족과의 만남을 포기한 이녹은 예외였지만 가짜 로버트와 가짜 마르탱은 소문을 듣고 여관으로 찾아온 가족들과 대면하게 된다. 간단한 몇 가지 '증거'를 제시한 후 이들은 쉽게 받아들여진다. 데이비스는 가족과 이웃들이 그를 쉽게 받아들였던 까닭이 "마르탱의 귀향이 사람들의 기대에 부응하는 것"이었기 때문이라고 설명한다.[17]

그런데 도시화가 진행되고 인간관계가 촘촘한 전통사회가 무너져가면서 신분을 도용하는 일이 훨씬 쉬워졌다. 애거서는 정확히 이 지점을 파고든다. 《예고 살인》에서 마플이 크래독 경위에게 잔소리를 늘어놓는 대목을 보자. 마플은 요즘 시골 마을에서는 이웃에 대해 알려고 하지 않는다면서 사람들이 진짜로 자기들이 말하는 그 사람인지를 알 수가 없다고 불평한다. 크래독은 그제야 신원 카드에 사진도 지문도 없이 할당된 번호만 있다는 사실을 갑자기 깨닫게 된다. 이제 누가 누군지를 알 수 없다. 도시에서 갑작스러운 '사고'로 죽은 사람들의 신분증을 가지고 시골로 온 사람들도 있고, 신분증을 사거나 위조하는 조직도 있고 그로 인해 수없이 많은 소소한 불법행위가 벌어진다.[18]

신분증이 있다고 해도 정확성을 보장할 수 없었다. 당시 여권에 적힌 인상 명세도 애매하기는 마찬가지였다. 그런 탓에 애거서의 작품에는 다른 사람인 척하고 여행을 하는 사례가 많다. 스파이를 다루는《침니스의 비밀》에서도 남의 여권으로 여행을 한다. "키 6피트, 머리카락은 갈색, 푸른 눈, 코는 보통, 턱도 보통" 같은 묘사가 어설프기 짝이 없기에 가능한 일이었다.[19] 물론 좀 더 구체적인 신상명세도 있었다.《바그다드의 비밀》에 나오는 비밀첩보원 헨리 카마이클의 신상명세서는 이렇다.

> 헨리 카마이클, 영국 첩보원. 나이 30세 정도. 갈색 머리카락. 검은 눈. 키 5피트 10인치. 아랍어, 쿠르드어, 페르시아어, 아르메니아어, 힌두스타니어, 터키어, 그 밖에 많은 산악지역 방언을 구사함. 아랍 부족들과 두터운 친분. 위험인물.[20]

외국어나 방언이야 말하지 않고 못 알아듣는 체하면 그만일 일이다. 그렇다면 키를 제외한 인상 묘사의 나머지 부분들로 과연 누군가를 특정할 수 있을까? 더욱이 머리색은 얼마든지 염색으로 바꿀 수 있지 않은가. 이런 허점 때문에《바그다드의 비밀》에서 빅토리아의 머리색이 중요한 단서가 되는 것이리라.

그래서인지 애거서는 누군가를 특정할 때 외모보다 행동거지를 더 중요하게 다루곤 했다. 가장 대표적인 사례는《장례식을 마치고》일 것이다. 오랫동안 만나지 못했던 코라가 장례식에 나타났을 때 애버네시 가족은 아무도 의심하지 않았다. 아무 때나 불쑥불쑥 말하는 습관이며 한쪽으로 고개를 숙이는 버릇 등이 완벽하게 코라의 모습이었기 때문이다.[21] 그런데 그것들이 코라의 특징이었던 만큼 그것만 잘 흉내 낸다면 쉽게 코라로 위장할 수도 있을 터였다.《13인의 만찬》에서는 바로 그 사실을 짚어낸다. 헤이스팅스는 목소리와 걸음걸이가 사람을 구별할 수 있는 가장 중요한 특징이라고 주장한다. 푸아로는 그 말에 동의하면서도 바로 그렇기에 그것들이 누군가로 가장하는 데 제일 쉽게 이용될 수 있다고 지적한다.[22] 남의 특징을 포착하는 일, 그 특징을 모방하는 일, 그리고 그것이 모방일 뿐이라는 점을 밝혀내는 일련의 전개가 실타래처럼 얽히는 순간이다.

나는 여전히 작가인 척하고 있을
뿐이라는 느낌에 휩싸여 있다.

이처럼 가짜의 신원을 밝혀내는 일은 모방과 진본성 사이의 치열한 싸움이다. 애거서는 가짜를 밝혀내기 위해 다양한 방법들을 동원한다.《크리스마스 살인》에서는 필라르라고 주장하는 아가씨의 신원을 밝히기 위해 '멘델의 법칙'을 이용했다. 푸아로는 "푸른 눈을 가진 두 사람 사이에서 갈색 눈을 가진 아이가 나올 수는 없죠"라고 말한다.[23]《세 번째 여자》에서는 '아버지가 훨씬 젊었을 때 그린 초상화가 지금 아버지의 모습과 거의 똑같이 보인다'는 딸의 관찰력이 그 열쇠다.[24] 그런데《죽은 자의 어리석음》에서는 좀 더 고도의 행동거지, 즉 아우라를 다루어 특히 흥미롭다. 저택에서 축제가 열렸을 때 폴리엇 부인은 손님들을 접대하며 마치 여주인 같은 분위기를 풍긴다.[25] 그녀의 저택은 이미 남의 손에 넘어갔는데도 말이다. 특히 이 소설은 진짜와 가짜의 경계가 희미한 탓에 중간중간 던져놓은 암시를 포착하는 재미가 크다.

추리소설 작가로서 최고의 성공을 거둔 뒤에도 애거서는 "나는 여전히 작가인 척하고 있을 뿐이라는 느낌에 휩싸여 있다"라고 고백했다.[26] 그뿐만 아니라 자기가 창조해낸 캐릭터들을 사랑하지도, 심지어 좋아하지도 않았다.[27] 그렇다면 그녀의 정체성은 무엇이었을까? 그녀는 그 부분에 대해 답을 한 적이 없다. 실종사건에 대해 끝까지 굳게 입을 다물었던 것처럼 말이다. 그래서 우리는 애거서가 왜 그때 남편 애인의 이름을 썼는지 절대로 알 수가 없다.

"미국에서 보내온
버터 한 통을 쓰면 돼"

9
배급제

《예고 살인》(1950)에서 블랙록 양은 하녀 미치에게 케이크를 만들어달라고 주문한다. 미치가 아무런 재료가 없다면서 투덜거리자 블랙록 양은 미국에서 보내온 버터 한 통과 크리스마스를 위해 남겨둔 건포도가 있다고 말한다. 그러면서 어디선가 구한 초콜릿 한 판과 설탕 1파운드도 함께 건네준다. 순간 미치의 얼굴은 "빛나는 웃음으로 환하게 밝아졌다."[1] 이 대목은 영국이 두 차례의 세계대전을 치르면서 시행했던 배급제의 모습을 응축해서 보여주는 귀한 장면이다.

제1, 2차 세계대전이 가져온 엄청난 피해와 수많은 변화는 굳이 설명할 필요가 없을 것이다. 그런데 1066년 노르만 정복 이후 단 한 차례도 본토를 침략당한 경험이 없었던 영국인들에게 세계대전은 특히나 낯선 경험이었다. 전쟁터로 떠난 사람들뿐만 아니라 고향에 남아 있던 사람들도 물자 부족 같은 일상적인 위기에 직면하게 되었다. 애거서의 작품에는 마치 생활사 교과서의 부록처럼 사람들의 내핍생활을 엿볼 수 있는 내용이 많다. 《스타일즈 저택의 죽음》에서 잉글소프 노부인은 전시에는 어떤 것도 낭비할 수 없다면서 휴짓조각까지도 모아서 자루에 넣어 보낸다.[2] 이 에피소드는 제1차 세계대전 때의 이야기다.

그런데 애거서는 제1차 세계대전 때보다 제2차 세계대전 후에 발표된 소설에서 물자 부족에 관해 훨씬 더 많이 다루었다. 《파도를 타고》(1948)만 해도 그렇다. 롤리 클로드는 발신인이 없는 편지를 받는다. 롤리는 편지를 누가 보냈는지보다 옅은 자주색의 큰 편지봉투가 더 의문이다. 전쟁 중에 완전히 사라져버린 이런 사치스러운 문구류를 도대체 어떻게 구했을까 하면서 말이다.[3] 《주머니 속의 죽음》(1953)에는 부잣집도 내핍생활을 피하지 못했음을 보여주는 장면이 있다. 포테스큐 부인은 티타임을 즐기다가 죽음을 맞았는데 마플은 마멀레이드에 독이 들어있었다고 의심한다. 흥미롭게도 사건의 열쇠는 마멀레이드를 담아둔 큰 단지가 왜 식탁에 나왔느냐는 데 있었다. 전쟁으로 물자가 부족해지자 사람들은 마멀레이드를 작고 예쁜 그릇에 덜어 먹지 않고 큰 단지째 내놓았던 탓이다.[4]

전쟁이 끝나고 난 후에도 물자 부족은 계속되었다. 제2차 세계대전 종전 후 5년이 지난 시점에 출간된 《예고 살인》에는 사람들이 여전히 연료 부족으로 고생하는 모습이 생생하게 묘사되어 있다. 신문에서 살인 예고를 본 마을 사람들은 하나둘씩 리틀 패덕스 저택으로 모여든다. 훈훈한 집 안에 들어선 사람들은 벌써 중앙난방을 했냐면서 다들 한마디씩 한다. 게다가 당시 매우 귀했던 코크스(cokes)를 사용했던 터라 의심의 눈초리를 보낸다. 집주인 블랙록 양은 매주 할당된 만큼의 연료만을 주는 연료국(Fuel Office)을 탓하며 코크스보다 더 귀한 석탄을 때지 않은 게 어디냐면서 어물쩍 넘어간다.[5]

연료 부족은 그 자리에 있던 모든 이가 절절하게 공감할 주제였다. 전쟁으로 석탄 수요가 크게 늘면서 민간에 공급되던 석탄이 귀해졌다. 불법적인 석탄 사재기가 횡행하자 석탄회사들은 가격을 최고 50퍼센트나 올리면서 폭리를 취하기도 했다. 이에 영국 정부는 석탄 사용량을 한 가구당 한 달에 100킬로그램으로 제한하기에 이른다. 석탄이 부족해지자 탄광 주변에 살던 사람들은 석탄 덩어리를 주우러 다니기도 했다. 석유 역시 민간소비를 줄이기 위한 다양한 정책이 시행되었으며 연료 대신 자연광을 최대한 이용하기 위해 서머타임(summer time)이 도입되기도 했다.[6]

여권도? 편지도?
식량 배급 카드조차도 없다고?

영국 국민의 삶에 연료보다도 더 큰 영향을 끼쳤던 것은 식량에 대한 통제였다. 독일 잠수함 유보트(U-Boat)의 무차별 선박 공격으로 영국으로 들어오는 물자의 보급은 심각한 타격을 입었다. 특히 제1차 세계대전 발발 직전 식량의 해외수입의존도가 60퍼센트에 달했던 영국은 그야말로 식량 공급체계가 무너진 셈이나 마찬가지였다. 정부는 1916년 말 식량부(Ministry of Food)를 신설하고 식품 사재기와 폭리를 단속하기 시작했다. 하지만 소고기, 생선, 설탕 같은 식품 가격이 몇 배로 뛰는 것을 막기는 어려웠다.

특히 소고기는 전쟁 전 미국과 캐나다에서 상당량이 수입되었기 때문에 시중에 품귀현상이 일어났고, 결국 정부는 '고기 적게 먹기 운동'을 시행하게 된다. 그 결과 영국인의 소고기 섭취량이 전쟁 말기에는 30퍼센트가량 감소한 한편, 생선, 소 내장 등 소고기를 대체할 단백질의 섭취가 크게 늘었다.[7] 애거서는 《자서전》에서 제1차 세계대전이 터지고 어느 날부터인가 갑자기 일주일에 이삼일은 고기와 생선 대신 '먹을 수 있는 부속고기(edible offal)'를 먹게 되었다고 회고했다.[8]

고기뿐만이 아니었다. 차(茶) 문화가 발달한 영국에서 설탕은 매우 중요한 식재료였다. 설탕은 거의 100퍼센트 수입에 의존했기 때문에 전쟁으로 독일산 사탕무 수입이 금지되고 유보트의 공격으로 수입선이 끊기자 설탕 대란이 일어날 정도였다. 정부는 1917년 7월 런던과 그 근교에 배급제(rationing)를 도입하여 설탕을 1인당 일주일에 220그램씩 나눠주기 시작했다. 배급제는 곧 전국적으로 시행되었고 적용 품목도 늘어났다. 소고기, 버터 혹은 마가린, 라드(돼지기름), 베이컨 혹은 햄, 치즈, 홍차 등의 구체적인 배급량이 정해졌다.[9]

사람들은 버터가 부족해지자 버터 대신 값싼 대체재인 마가린을 먹어야 했다. 애거서의 집에서 일하던 하녀 메리가 자기는 생전 마가린을 입에 댄 적이 없다면서 마가린을 거부하는 일이 벌어졌다. 어머니는 버터 포장지에 마가린을 넣고 마가린 포장지에 버터를 넣어 똑같은 맛을 느끼도록 해주었다. 이처럼 궁핍한 생활 중에 어디엔가 감춰두었던 식료품이 발견되면 얼마나 기뻤을지 뻔한 일이다. 제1차 세계대전이 발발한 직후 애거서의 이모할머니가 런던에서 토키로 이사를 왔는데, 자두 브랜디와 햄, 정어리 통조림, 밀가루 같은 식료품들을 가구 구석구석에 숨겨두었더랬다. 애거서는 그것들이 발견될 때마다 가족에게 큰 기쁨을 주었다고 회상했다.[10]

제2차 세계대전이 터지자 상황은 되풀이되었다. 1939년 9월 말 영국 정부는 국민에게 주민등록증을 발급하기 시작했다. 이 증서는 독일 첩자가 아니라는 사실뿐만 아니라 식량 배급 대상자임을 증명하는 것이었다. 식량 배급 대상 증명서란 전쟁기에는 생명줄과 같은 것일 터였다. 《파도를 타고》에는 바로 이 조치를 반영한 장면이 있다. 여관에서 살해된 남자가 발견되었는데 신원을 증명할 만한 아무런 서류가 없었다. 푸아로가 놀라면서 "여권도? 편지도? 식량 배급카드(ration card)조차도?"[11]라고 묻는다. 배급카드의 중요성을 잘 보여주는 대목이다.

1940년 1월 1일 다시 본격적인 배급제가 시작되었다. 식료품에 적용된 배급제는 소고기, 버터, 베이컨, 홍차, 마가린에서 점차 잼, 설탕 시럽과 사탕, 오렌지 같은 과일에까지 확대되었다. 오렌지는 비타민 섭취가 매우 중요했던 어린이들에게만 판매되었다.[12] 이듬해부터는 의복에도 배급제가 적용되었다. 각각의 의류에는 값이 매겨졌고 모든 사람이 66개의 쿠폰을 할당받았다. 이 쿠폰의 개수는 남성들에게는 충분했지만 여성들에게는 부족했다. 전쟁 중에도 아름다움을 포기할 수 없는 여성들과 창의적인 사람들은 완전히 새로운 재료를 이용해 옷을 만들고 모자를 꾸미기 시작했다. 병뚜껑, 코르크, 노끈 같은 것들이 새로운 장신구의 재료로 부상했다.[13]

제2차 세계대전의 배급제 정책은 축산업에 대규모 구조조정을 불러왔다. 농부들이 키우던 가축에 우선순위를 매겼기 때문이다. 배급제를 기획한 정부가 가장 우선순위에 두었던 식재료는 우유였다. 아이들과 수유를 하는 어머니들에게 필수적이었고, 다양한 형태로 생

배급 수첩에서 쿠폰을 잘라내는 상점 직원(1940년 12월)

두 차례의 세계대전 기간에 영국에서는 식량 배급제가 시행되었다. 시민들에게는 쿠폰이 붙어 있는 배급 수첩(쿠폰 북)이 제공되었다. 버터, 설탕, 베이컨 등은 미리 등록한 상점에서만 살 수 있었다. (출처: AP통신)

산될 수 있는 유제품이야말로 유사시 최고의 효용성을 지닌 식품이라고 여겨졌기 때문이다. 따라서 축산업에서 젖소가 갑자기 최상위 자리를 차지하게 되었다. 2위는 돼지, 3위는 암탉, 4위가 육우와 양이 동급으로, 최하에 위치했다.[14]

배급제는 1945년 종전과 함께 서서히 폐지되었는데, 완전히 폐지된 것은 1954년이 되어서였다. 1950년에 나온 《예고 살인》에서 배급제로 인한 궁핍함이 모티브가 되는 것은 그런 이유에서다. 흥미롭게도 배급제의 효과는 그다지 부정적인 것만은 아니었다. 1952년 시점에서 그동안 무려 12년 동안 시행되었던 배급제의 영향을 살펴본 전문가들은 "영국인의 평균적인 영양 상태가 오히려 좋아졌다"라는 결론을 내렸다.[15] 사람들은 적게 먹고, 건강한 음식을 선택하는 식습관의 중요성을 인식하게 되었으며, 식료품의 수입이 어려워지자 농민들은 필요한 식재료를 직접 생산하게 되었다. 정부는 식재료를 둘러싸고 그전까지 시도하지 않았던 '과학적인 통제와 배분'을 도입해서 국민 전반의 영양을 잘 관리하기에 이르렀다는 것이다.

아, 모든 것이 지나치게 핑크빛이다. 영국식 국뽕 같다는 느낌이 들지 않는가. 대다수의 영국 학자들은 전쟁기의 영국사를 쓸 때마다 '영국은 우월하다'로 결론을 내리곤 했다. 참혹한 세계대전을 치르며 애국심에 불타던 영국 국민은 계급적 적대감을 극복하고 굳건하게 단합했으며, 전 국민은 인내심을 가지고 결국 어려움을 극복해냈다는 '신화' 말이다. 독일군의 대공습으로 인한 폭발과 화재, 철저한 배급제의 통제 속에서도 사람들은 '조용하고 끈기 있게 공습을 감내하며 일상을 지켜내려 했다'고 강조하고 또 강조한다.[16]

전쟁이 저분을 절망에 빠트렸어.

다시는 일어설 수 없을 거야.

전쟁이 또 다른 일상이 되었던 것은 맞는 말인 것 같다. 애거서는 《자서전》에서 제2차 세계대전 후반에는 공습에 익숙해져서 아무리 폭탄이 떨어져도 잠에서 잘 깨지 않았다고 회고했다. 밤마다 유리 파편이 날아다닐 것을 예상하고 베개로 얼굴을 가렸으며 죽음과 폭격이 일상화되어서 전시가 아닌 시절은 상상할 수도 없었다는 것이다. 다만 침대 곁에 가장 소중한 물건 두 가지, 모피코트와 보온병을 두고 잠들었다. 당시에는 엄청난 돈을 주고도 구할 수 없는 물건이었기 때문이다.[17]

하지만 전 국민이 단합해서 인내심을 가지고 일상을 감내했을까? 최근 몇몇 학자들은 그런 '대공습의 신화'를 부정하고 나섰다. 대공습은 공황 현상과 패배주의를 가져왔고, 약탈과 암거래 같은 일탈 행위도 실제로 많았으며, 정책에 협조하지 않거나 계급 갈등 같은 사회적 갈등이 만연해 있었지만 드러나지 않았을 뿐이라는 것이다.[18] 그런데 애거서의 작품만 살펴보더라도 전쟁으로 인한 갈등, 일탈, 패배주의 같은 것들을 쉽게 발견할 수 있다. 그것은 이미 제1차 세계대전 직후에도 나타났던 현상이었다. 《부머랭 살인사건》에서 주인공 보비는 지나치게 감상적이고 매사에 걱정만 하는 아버지를 보며 한숨을 쉰다. 그는 "전쟁 때문일 거야. 전쟁이 저분을 절망에 빠트렸어. 다시는 일어설 수 없을 거야"라고 생각한다.[19]

암거래에 관한 묘사는 좀 더 구체적이다. 특히 《예고 살인》은 은밀하게 이루어지는 비합법적 물물교환의 메커니즘을 콕 짚고 있다. 동네 사람들은 모두 언제 어느 농장에서 버터를 만드는지를 알고 있었다. 사람들은 자기가 기른 채소와 버터를 맞바꾸는 식으로 물물교환을 한다. 돼지를 잡았을 때도 마찬가지 방식으로 동네 사람들에게 암암리에 돼지고기가 유통되었다. 단지 식료품만이 아니었다. 멋진 옷을 입고 싶은 사람들은 배급표를 얻거나 사서 모은 뒤 그것으로 값비싼 코트나 드레스를 사곤 했다. 물론 이런 위법행위를 경찰에 신고하는 사람은 아무도 없었다.[20]

작중의 이런 일화들은 애거서의 실제 경험을 그대로 투영한 것이다. 애거서는 제1차 세계대전 때와 비교해 볼 때 제2차 세계대전기의 배급제는 상당히 비윤리적으로 시행되었다고 했다. 이전에는 고기를 먹으려면 반드시 배급표를 내야 했다면 이젠 돈만 많으면 매일같이 레스토랑에 가서 배급표 없이도 얼마든지 고기를 먹을 수 있다는 것이다.[21] 물론 제2차 세계대전 때 애거서는 이미 경제적으로 부족함이 없을 만큼 성공한 작가였다. 따라서 그 시기에 배급제가 느슨해졌고, 돈이면 많은 것을 해결할 수 있었다면 애거서에게는 분명히 제1차 세계대전기 배급제로 인한 고통이 훨씬 심했을 것이다.

제1차 세계대전 때 애거서는 남편과 런던의 작은 플랫에 살았는데, 이웃에 살던 우즈 부인에게서 많은 도움을 받았다. 우즈 부인은 뚱뚱하고 유쾌한 사람으로, 애거서에게 요리를 가르쳐주기도 하고, 당시로는 구경하기도 힘든 고기며 설탕, 버터, 마가린을 갖다주어서 애거서를 깜짝 놀라게 했다. 우즈 부인은 식료품점을 하는 사촌을 둔 덕에 자기에게 그런 것을 구하는 일이 식은 죽 먹기라고 말했다.

애거서는 이때 평생 유용할 커다란 교훈인 '결국 중요한 것은 인맥이다'를 깨닫게 되었다.[22]

애거서는 그 경험을 통해 평상시와는 다르게 전쟁 같은 비상시에는 식료품을 구하는 일에서 노동자들이 훨씬 유리한 위치에 있다는 현실을 알게 되었다. 노동계급 대부분은 "식료품점에서 일하는 사촌이나 친구 혹은 사위가" 있게 마련이어서 언제나 배급표에 적힌 물건 이외에도 버터나 잼 등을 추가로 받았다. 식료품상 같은 친지는 노동계급 사람들에게는 그야말로 어마어마한 '가족의 자산'이나 마찬가지였다.[23]

《장례식을 마치고》의 한 장면은 바로 그런 정황을 잘 보여준다. 리처드 애버시니가 죽은 뒤 푸아로는 조사에 착수한다. 피살자가 죽기 전날 무엇을 먹었느냐는 푸아로의 질문에 하녀 마저리는 자기가 초콜릿 수플레를 만들어주었다고 뻐기면서 대답한다. 친구인 낙농장 주인에게 얻은 달걀 여섯 개와 크림을 아껴두었던 덕분이었다. 당시로는 사치품이라고 할 만한 초콜릿 수플레를 자기가 좋은 친구를 둔 덕에 대접할 수 있었으니 마저리가 우쭐댈 만하다.[24]

애거서와 가까운 친구들에게는 식료품상을 하는 친척은 없었다. 하지만 가끔 식재료를 보내주는 미국의 친척들이 있었다. 제2차 세계대전 때는 미국의 친지에게서 버터나 통조림 등을 받는 일이 더욱 빈번해졌다. 폭탄이 터지는 와중에도 애거서와 친구들은 함께 모여 만찬을 즐기곤 했는데, 그런 모임은 대개 음식 소포를 받은 일을 축하하는 자리이기도 했다. 애거서는 친구에게 "미국에서 버터를 좀 보내줬어. 수프 통조림 가져올 수 있어?"라고 말하곤 했다.[25]

글의 첫머리에서 보았던 블랙록 양도 마찬가지다. 그녀는 비너 양의 생일을 맞아 손님들을 초대해서 작은 파티를 열어주려 했다. 미국에서 보내온 버터가 없었다면 그 파티는 애초에 계획조차 할 수 없었을지도 모른다.

"오, 그 자동차가 내게 준 기쁨이란!"

10

탈것

애거서의 작품에는 탈것, 즉 이동수단을 소재로 한 것들이 적지 않다. 《오리엔트 특급 살인》을 비롯해서 《푸른 열차의 죽음》, 《패딩턴 발 4시 50분》은 열차를 내세웠고, 《구름 속의 죽음》이나 《프랑크푸르트행 승객》은 비행기를 활용했다. 물론 가장 유명한 것은 《오리엔트 특급 살인》이다. 애거서의 작품 대부분이 자신의 경험을 녹여내고 있는데 《오리엔트 특급 살인》도 마찬가지다. 오리엔트 특급(Orient Express)은 애거서가 좋아하고 애용했던 기차다.

오리엔트 특급은 1883년 10월 4일 최초로 개통되었다. 프랑스의 파리와 루마니아의 지우르지우(Giurgiu) 구간을 연결하는 열차였다. 벨기에의 은행가 조르주 나겔마커스(Georges Nagelmackers)는 그보다 약 10년 전에 미국을 여행했는데, 광활한 대륙을 가로지르는 풀먼(Pullman) 사의 안락한 열차 여행을 경험하고서 큰 감명을 받았다. 그런 열차를 유럽에도 도입해야겠다고 결심하고서 국제침대차회사(Compagnie Internationale des Wagons-Lits)를 설립해 유럽과 서아시아를 잇는 오리엔트 특급을 출범시키게 된다. 최장 거리를 최단 시간에 운행하는 이 열차는 식당칸을 갖추고 최고급 요리와 서비스를 제공했고, 곧 호화로운 여행의 대명사가 되었다.

나는 평생 오리엔트 특급열차를 타고 싶었다.

남편과의 이혼이 완전히 마무리된 후 애거서는 참담한 마음을 추스르기 위해 여행을 떠나기로 했다. 뜨거운 햇볕이 내리쬐는 서인도제도를 선택하고 여행사로 가 표를 예약했다. 출발 이틀 전에 우연히 해군 중령 부부를 만나게 되었는데 그 부부는 바그다드의 매력을 강조하면서 행선지를 바꾸라고 설득했다. 선박 여행을 끔찍하게 싫어했던 애거서는 그곳에 가려면 배를 타야 하지 않느냐고 물었다. 부부는 기차로도 갈 수 있다면서 오리엔트 특급을 타면 된다고 알려주었다. 애거서는 그 순간을 두고 "나는 평생 오리엔트 특급열차를 타고 싶었다"라고 기록한다. 유럽여행을 위해 칼레에 도착할 때면 그 특급열차가 서 있는 것을 보았고, 그때마다 그 열차에 올라타고 싶은 마음이 얼마나 강렬했었는지가 떠올랐다. 그리고 닷새 후 애거서는 오리엔트 특급에 몸을 실었다.[1]

애거서가 탄 열차는 심플론(Simplon)-오리엔트 특급이다. 오리엔트 특급이 운행하는 노선 가운데 하나로, 바로《오리엔트 특급 살인》에서 푸아로가 탄 열차다. 1883년 오리엔트 특급이 개통했을 때는 루마니아의 지우르지우에서 열차를 갈아타고 불가리아의 바르나에 도착한 후, 선박을 이용해야만 이스탄불에 갈 수 있었다. 그런데 1885년에 부다페스트에서 이스탄불까지 직행하는 노선이 추가되었고, 1889년에는 파리-스트라스부르-뮌헨-부다페스트-부쿠레슈티-이

1900년대 오리엔트 특급 식당차(위)와 일반 객실(아래) 모습

1883년 개통한 오리엔트 특급은 숙식을 제공하는 장거리 여객 열차로, 안락하고 고급스러운 서비스로 호화로운 여행을 상징하는 대명사로 자리잡으며 명성을 얻었다. 왕족과 귀족, 외교관, 사업가 등 부유한 계층이 주로 이 열차를 이용했다. (출처: CIWL Archive)

스탄불 직행노선이 완성되었다. 그리고 1919년에 드디어 파리에서 심플론 터널을 통과해 밀라노, 베네치아, 베오그라드를 거쳐 이스탄불로 향하는 심플론-오리엔트 특급이 개통하게 된다.

심플론-오리엔트 특급은 곧 파리와 이스탄불을 잇는 주요 노선으로 등극한다. 베네치아나 밀라노 같은 남유럽의 주요 도시를 거친다는 점도 승객들에게 크게 어필했다. 그 노선이 가능했던 것은 오롯이 '심플론 터널(Simplon Pass)'이 생긴 덕이다. 1906년에 개통된 심플론 터널은 스위스와 이탈리아를 잇는 열차 전용 터널로, 장장 20킬로미터에 달해 최근까지도 세계에서 가장 긴 터널로 꼽혔다. 전쟁 중에는 오리엔트 특급의 운행이 중단되었고 선로가 폐쇄되거나 몰수되어 탱크와 군수물자, 심지어 시체를 실어날랐다.

칼 짐머맨(Karl Zimmermann)은 오리엔트 특급을 "역사상 가장 유명한 기차 이름"이라고 정의한 적이 있다.[2] 실제로 오리엔트 특급은 애거서의 작품으로 인해 실물 기차와는 다른 차원에서 어마어마한 문학적 존재감을 얻게 되었다. 애거서는 《오리엔트 특급 살인》과 《패딩턴 발 4시 50분》을 통해 문학에서 기차를 단순한 이동수단 이상으로 끌어올렸다는 평가를 받았다. 작품에 등장하는 장소의 의미를 탐구하는 '텍스트의 지리학'에 새 지평을 열었기 때문이다. 애거서는 대지에 붙어있는 공간에서 벗어난 '움직이는 세상'을 도입했다.[3]

사건이 벌어지는 무대로서 기차는 묘한 매력이 있다. 열차의 내부는 마치 밀실처럼 폐쇄된 공간이다. 우연히 모인 승객들은 사건이 발생하는 순간 모두가 목격자이자 용의자가 될 수 있기에 밀실 안에는 극도의 긴장감이 조성된다. 또한 기차는 갇힌 공간이지만 창밖을

볼 수 있고, 중간중간 역에 정차하기 때문에 여러 가지 변수를 만들어낸다. 드넓은 대지 위를 빠르게 달리는 기차는 그 속도감으로 인해 독자들에게 불안감을 느끼게 한다. 그래서 기차에서 내리는 순간, 즉 사건이 해결되는 순간을 더욱 기대하게 만들기도 하는 것이다.

기차여행은 실제로 삶을 보는 것이다.

애거서는 기차를 사랑했다. "기차는 언제나 내가 좋아하는 것 중 하나"라면서 요즘은 사람들이 기차를 자기 친구처럼 여기지 않는다며 슬퍼했다.[4] 하지만 오리엔트 특급이 애거서에게 언제나 즐거운 추억만 남겨준 것은 아니었다. 혼자 떠난 첫 여행에서 이국적 풍광에 한껏 취해 있을 때 예상치 못한 사고가 일어났다. 빈대에 물린 것이다. 체온이 38.9도까지 올랐고 팔은 퉁퉁 부었으며 끔찍한 두통에 시달렸다.[5] 그 후로도 애거서는 기차에 탈 때마다 빈대로 인해 고생하게 되었다.

빈대 때문에 괴롭긴 했지만, 오리엔트 특급을 타고 떠난 첫 여행에서 애거서는 운명의 짝인 맥스와 우연히 만나게 되었다. 얼마 동안의 밀고 당기기, 주변의 반대와 그래서 더욱 달콤했을 연애 기간을 보내고 둘은 마침내 결혼에 이른다. 두 사람이 신혼여행을 위해 선택한 여행 수단은 어쩌면 당연하게도 심플론-오리엔트 특급이었다. 하지만 애거서는 여행의 초입인 베네치아에 도착하기도 전에 다시금 빈대에게 혹독하게 당하고 말았다.[6]

푸아로가 탄 오리엔트 특급은 이스탄불에서 칼레까지 사흘에 걸쳐 횡단하는 열차였다. 그 열차는 폭설로 빈코브치와 브로드의 중간 지점에 멈춰 서게 되었다. 1929년 오리엔트 특급은 이스탄불 근처에서 눈 때문에 고립된 적이 있었는데 사람들은 그 사고가 애거서에게 영감을 주었다고 추측하곤 했다. 그런데 애거서도 실제로 비슷한 일을 겪었다. 1931년 이스탄불에서 런던으로 혼자 돌아가던 도중 한밤중에 천둥번개를 동반한 폭우로 선로가 잠기는 바람에 열차가 꼼짝 못 하게 되었다. 결국 애거서는 예정보다 이틀이나 지나서야 목적지에 도착할 수 있었다.[7]

우연한 사고의 위험이 늘 도사리고 있었음에도 애거서는 평생 기차를 사랑했다. 특히 디젤엔진과 그 냄새가 나타나기 이전의 기차를 최고라고 평가했다. 창밖으로 계곡과 폭포 같은 자연과 마을이며 교회를 볼 수 있어서 좋아했는데, 그런 면에서 애거서는 '기차여행은 실제로 삶을 보는 것이다'라고 믿고 있었다.[8]

비행기가 일상적인 교통수단이 된 것처럼
실망스러운 일은 없다.

기차와 비교해볼 때 비행기는 결코 애거서가 좋아하던 교통수단이 아니었다. 애거서는 1911년에 상업 비행기 전시회를 보러 갔다가 처음으로 비행기를 타는 경험을 하게 되었다. 비행기를 타기 위해 무려 5파운드나 되는 거금을 치러야 했지만, 애거서는 첫 비행의 경험을 '환상적이었다'라고 기록했다. 추가 요금을 내고 찍은 사진을 죽을 때까지 간직하고 있었을 정도다.[9] 그런데 애거서는 점차 비행기에 실망하게 된다. 심지어 "비행기가 일상적인 교통수단이 된 것처럼 인생에서 실망스러운 일은 없다"라면서 한탄을 금치 못했다. 첫 비행에서는 마치 새처럼 하늘을 날고, 대기를 가르며 급강하하는 짜릿함을 느꼈지만, 비행기가 상용화되면서 이제 비행기를 타는 일은 애거서가 보기에 그저 세계 이 도시에서 저 도시로 옮겨가는 지루하고 진부한 일이 되어버렸다.[10]

기차에 비해 비행기는 인간의 자율성을 훨씬 더 박탈하는 이동 수단이다. 좌석에 앉자마자 안전벨트를 매야 하고, 협소한 공간에서 움직임이 더욱 제한받을 수밖에 없다. 창밖 풍경도 마치 파노라마처럼 펼쳐지는 기차에 비하면 단조롭기 그지없다. 그런데 애거서의 작품을 살펴보면 그녀는 비행기보다 공항에 더 큰 불만을 가졌던 것 같다. 그것을 보여주는 사례가 《죽음을 향한 발자국》에 나오는 힐러리의 독백이다.

> 공항은 어딜 가나 다 비슷하게 생겼고, 이상하게 아무런 특성도 드러나지 않는다. 게다가 공항은 도심에서 떨어져 있는 탓에 어느 공항에 가더라도 어디에도 속하지 않는 것 같아서 마치 무국적자가 된 듯한 묘한 느낌이 든다. …… 이렇게 형편없는 곳인데 왜 그렇게 일찍 나와 대기하라고 하는 것인지![11]

그렇다면 애거서가 제일 좋아했던 교통수단은 기차였을까? 아니다. 애거서는 스포츠카 광팬이었다. 애거서는 자동차에 열광했다. 어린 시절 파리에 갔을 때 처음으로 자동차(Automobiles)를 보고 '위대한 기계시대의 선구자'를 접하게 되었다고 기록했다.[12] 하지만 자기 집은 부자가 아니었기에 마차도 없었고 자동차는 꿈도 꾸지 못했다. 결혼 후 만삭으로 런던의 버스정류장에서 사람들에게 떠밀려 다닐 때는 "단 하루라도 차를 가질 수 있다면 얼마나 좋을까" 하고 생각했다.[13] 자서전에 그런 시시콜콜한 이야기를 길게 적을 만큼 자동차는 애거서에게 정말 소중한 어떤 것이었다.

《비밀 결사》(1922)를 보면 자동차를 향한 애거서의 흠모가 고스란히 투영된 듯한 장면이 있다. 터펜스에게는 키다리 아저씨처럼 그녀를 도와주는 미국인 부호 줄리어스 헤르사이머가 있다. 그들은 악당을 쫓아가야 했는데 그러려면 차가 필요했다. 줄리어스가 어떤 차를 좋아하냐고 묻자 터펜스는 수줍게 롤스로이스를 타보고 싶다고 말한다. 줄리어스는 불과 35분 만에 롤스로이스를 사서 몰고 왔고 터펜스는 탄성을 지른다.[14] 신데렐라가 탄 호박 마차의 20세기 버전이 아니던가.

《비밀 결사》 쓸 당시 애거서에게는 자동차가 없었다. 추리소설 몇 권을 출간했지만, 부부의 수입이 형편없었기 때문이다. 그런데 1924년 《이브닝 뉴스(The Evening News)》가 '밀하우스의 수수께끼'를 '갈색 옷을 입은 사나이'로 제목을 바꿔 연재하기로 하면서 애거서에게 500파운드라는 거금을 주었다. 미래를 위해 저축하는 것이 상식이었고 애거서는 그럴 작정이었다. 그런데 갑자기 남편 아치가 "그 돈으로 자동차를 사는 건 어때?" 하고 툭 말을 던졌다.[15] 그렇게 해서 애거서는 생애 첫 자동차를 갖게 되었다.

혼자 운전할 때야말로 ……
은밀하고도 개인적인 즐거움을 최대한 느낄 수 있다.

애거서는 인생을 통틀어 자기를 흥분시킨 일로 두 가지를 꼽았다. 첫째가 자동차였고, 두 번째가 버킹엄궁에서 여왕 엘리자베스 2세와 만찬을 한 일이었다.[16] 애거서는 "오, 그 자동차가 내게 준 기쁨이란!" 이라고 외치면서 자동차가 자기 인생을 얼마나 바꿔놓았는지 요즘 사람들은 아무도 상상할 수 없을 것이라고 말했다.[17] 그녀가 선택한 차는 '주먹코(Bullnose)'라는 별명을 가진 모리스 카울리(Morris Cowley)였다. 애거서가 실종되었을 때 타고 나갔던 차가 바로 그것이다.

첫 자동차를 사고 얼마 되지 않아 남편 아치는 정말 빠른 차를 갖고 싶다고 했다. 결국 부부는 중고로 나온 들라주(Delage)를 또 샀는데 애거서는 그 차에서도 많은 기쁨을 느꼈다고 한다.[18] 그래서인지 애거서는 《할로 저택의 비극》에 들라주를 등장시킨 적이 있다. 냉철한 여주인공 헨리에타가 모는 차가 바로 들라주다. 헨리에타는 애거서 작품에 나오는 똑똑한 여성 중 하나인데 자동차를 혼자 모는 것을 좋아하는 캐릭터로 그려진다. 왜냐하면 "혼자 운전할 때야말로 자동차 운전이 가져다주는 은밀하고도 개인적인 즐거움을 최대한 느낄 수 있었기 때문이다."[19] 이 구절은 애거서 자신의 독백이라고 확신한다.

자동차에 열광했던 탓인지 애거서의 작품에서 자동차만큼 구체적으로 브랜드와 모델이 명시된 사물은 없다. 특별히 많은 종류의 자동차가 등장하는 작품도 있는데 그 하나는 《부머랭 살인사건》이다.

길가에 버려진 애거서 크리스티의 자동차

1926년 12월 애거서는 서닝데일의 스타일즈 저택에서 갑자기 모습을 감췄다. 경찰은 스타일즈에서 멀지 않은 곳에서 애거서가 아끼던 자동차 모리스 카울리와 코트, 신분증이 버려져 있는 것을 발견하고 대대적인 수색 작전을 벌였으나 애거서를 찾지 못했다. 애거서는 실종 11일째 되던 날 해러게이트의 스파 호텔에서 발견되었고, 이후 이 사건에 대해 입을 닫았다. (출처: 게티이미지)

프랭키, 즉 레이디 프랜시스가 탄 녹색 벤틀리며, 가짜 번호판을 달고 사건 현장을 지나간 짙은 청색 탤벗 설룬(Talbot saloon), 로저 배싱턴프렌치의 2인승 자동차가 우선 눈에 띈다. 그런데 더 있다. 주인공 보비의 친구 배저가 자동차 정비공장을 운영하고 있어서 그곳에 들어온 크라이슬러, 스탠더드(Standard), 다임러, 피아트 등도 언급되는 것이다.

애거서는 《버트램 호텔에서》에도 다양한 자동차를 등장시킨다. 손님들이 렌트해서 사용하는 다임러를 제외하고도 열차 강도로 뺏은 돈이 런던에 도착하기까지 네 대나 되는 자동차가 관여한 것으로 나온다. 먼저 메르세데스 오토가 등장하고, 메탈 박스라는 회사명으로 가장한 트럭, 해군 제독이 탄 구식 다임러 자동차, 늙은 신부가 탄 모리스 옥스퍼드(Morris Oxford)까지 말이다. 여기서 메르세데스 오토는 그랑프리에서 우승한 라디슬로스 말리노스키가 모는 경주용 자동차로, 흔히 볼 수 없는 차종이라는 사실이 사건 해결에 중요한 열쇠로 작용한다.

이처럼 특이한 차들은 자동차에 관한 애거서의 관심과 일종의 '전문성'을 증명해주는 역할을 한다. 《누명》에서도 마찬가지다. 2년 전 사건에 관해 묻자 동네 꼬마 시릴은 자신이 본 자동차가 '버블 카(bubble car) 종류'였다고 대답한다. 그때까지 그 동네에서 볼 수 없었던 새로운 차종이었고 게다가 색깔도 아주 밝은 빨강이었기 때문에 생생하게 기억하고 있었다.[20] '버블 카'는 1950~1960년대 영국에서 전투기 지붕과 흡사한 둥근 투명 지붕을 가진 소형차를 부르는 별명이었다.

그렇다면 희귀하지 않은 자동차는 어땠을까. 애거서의 작품에는 자동차가 너무 흔한 종류라서 사건 해결에 도움이 되지 않았던 사례들도 등장한다. 《서재의 시체》의 미논(Minoan)이 그중 하나다. 범인이 도주했는지를 알아보려는 대목에서 호텔 안마당에 주차된 미논이 언급된다. 하지만 그 차는 그해 가장 잘 팔린 대중적인 차여서 그때 그곳에만 최소 여덟 대가 있었기 때문에 자동차로 범인을 특정하는 일은 물거품이 되어버렸다.[21] 《할로윈 파티》에 나오는 '그래스호퍼' 마크 세븐('Grasshopper' Mark 7)도 마찬가지다. 뺑소니차를 찾는 푸아로는 "아시다시피 길거리에서 보이는 차 세 대 중 한 대는 마크 세븐이에요"라는 말에 힘이 빠져버린다.[22]

자동차는 등장인물의 캐릭터를
설명하는 소품 역할을 한다.

흥미롭게도 애거서는 작품에서 자동차의 국적, 즉 생산지를 둘러싼 편견이나 차별을 별로 드러내지 않았다. 영국산 벤틀리와 미국산 크라이슬러가 나란히 등장하는가 하면 전쟁의 상대국이었던 독일의 다임러, 메르세데스, 심지어 히틀러가 보급시켰던 폭스바겐이며 이탈리아의 피아트에 대한 거부감도 별로 없다. 오히려 자동차는 등장인물의 캐릭터를 설명하는 소품 역할을 하거나 작중 인물들이 상황에 맞춰 차를 '골라' 타는 모습을 보여준다.

《나일강의 죽음》의 시작 부분만 해도 그렇다. 진홍색 대형 롤스로이스를 탄 리넷 리지웨이가 시골 우체국 앞에 내린다.[23] 그 차는 시골 사람들이 느끼는 위화감과 부러움을 대변하는 상징물이나 마찬가지다. 《패딩턴 발 4시 50분》에서 루서 크랙켄소프의 사위 브라이언 이스틀리는 소박한 사람답게 자기에 어울리는 차인 소형 MG(M. G. car)를 몰고 다닌다.[24] 그런가 하면 《끝없는 밤》에서는 영국인 남편이 대형 크라이슬러를 몰고 미국인 아내를 위해 작은 차를 남겨둔다. 아내가 주차하기 쉽도록 편의를 봐주기 위해서였다.[25]

한편 《비뚤어진 집》에서 에디스 드 해빌런드 노부인은 마지막 여정을 위해 하인 에번스에게 포드 자동차를 내놓으라고 한다.[26] 부잣집이 배경이니만치 자동차는 여러 대가 등장하지만, 구체적으로 브랜드가 명시된 것은 이때뿐이다. 게다가 애거서는 그 차의 모델명이 10이었다는 사실까지도 다시 한번 환기해준다. 포드 10은 포드 UK(Ford UK)가 1934년에서 1937년 사이에 제작한 차다. 그런데 《비뚤어진 집》은 1949년 작품이다. 드 해빌런드 노부인이 왜 굳이 그 차를 선택했는지는 정확하게 알 수 없지만, 범죄에 쓰일 차이기에 일부러 수수하고 낡은 차를 골랐던 것은 아닐까.

이처럼 애거서가 자동차의 국적을 굳이 따지지 않았던 것은 당시 영국이 자동차 산업에 대한 자신감에 차 있었기 때문이지 싶다. 실제로 1950년대 중엽까지 영국은 세계 제2위의 자동차 생산국이었다. 하지만 1960년대 이후 정부의 자동차 관련 정책과 기업의 전략 실패, 잦은 노사분규 등으로 인해 자동차 산업은 쇠락의 길로 접어들게 된다. 특히 단기적인 수익에 급급해 장기적인 안목이 필요한 수출보다 국내시장에 주력하는 판매 전략을 선택한 것이 실패의 큰 원인이었다. 1971년 이후 미국의 3대 자동차 회사들은 유럽 다른 국가들에게는 부품 공급을 확대하는 한편 영국에는 공급 중단을 선언했다. 이는 영국 자동차 산업에 일종의 사망 선고를 내리는 것이나 마찬가지였다.[27]

1977년 한국은 자동차의 영국 수출을 조심스럽게 타진하기 시작했다. 영국 의회에서 한 하원의원은 "영국 자본과 기술로 키운 한국의 자동차가 이 땅에 진출한다니!"[28]라면서 울분을 터트렸다. 하지만 결국 1981년 현대자동차의 수출용 '포니(Pony)'가 영국에 도착했다.[29] 한때 영국은 롤스로이스, 재규어, 랜드로버 등의 브랜드를 보유한 굴지의 자동차 산업국으로 명성을 떨쳤지만, 이제는 몇몇 소규모 공장을 제외하고 자동차 회사라고 불릴 만한 것은 아무것도 남지 않았다. 애거서 작품의 구석구석에서 튀어나오는 영국 자동차 브랜드들은 과거 영국 자동차 산업이 누렸던 영광을 마치 화석처럼 대변해줄 뿐이다.

"그 지긋지긋한
영국인 근성 때문이겠지요"

11

영국성

애거서는 가장 힘들게 썼던 작품으로 《그리고 아무도 없었다》(1939)를 꼽았다. 스스로 꼽는 최고작도, 제일 좋아하는 작품도 아니지만, 자신이 쓴 어떤 작품보다 '장인정신'을 많이 담고 있다고 말하기도 했다. 그래서 그 작품이 독자와 평단으로부터 호평을 받고 영어판과 번역판 모두 베스트셀러 자리를 굳건히 지킨다는 사실에 기쁨을 감추지 않았다.[1]

잘 알려진 사실이지만 이 소설의 원래 제목은 '열 명의 흑인 꼬마들(Ten Little Niggers)'이었다. "Ten little nigger boys went out to dine(열 명의 흑인 꼬마들이 밥 먹으러 갔다)"으로 시작하는 전래동요를 모티브로 삼기 때문이다. 영국에서는 원제목 그대로 출판되었던 반면 미국의 출판사는 제목을 '열 명의 꼬마 인디언(Ten Little Indians)'으로 바꾸기로 했다. 'nigger'가 가진 모욕적이고도 인종차별적인 뉘앙스 때문이었다. 하지만 곧 인디언이라는 단어도 문제가 되어 '그리고 아무도 없었다(And Then There Were None)'로 제목이 달라졌다. 제목이 바뀌며 내용에서도 많은 부분을 고쳐야 했다. 예를 들어 '인디언 섬(Indian Island)'은 '용사의 섬(Soldier Island)'으로 그 이름이 바뀌었다.[2]

싱가포르 같은 곳이 존재해야 하는
이유가 바로 그런 것이리라.

이처럼 인종차별을 의식해서 제목이나 본문을 고치는 일은 사실 애거서에게는 아주 '예외적'이라고 할 만한 사건이었다. 그녀의 작품에 인종이나 민족 혹은 젠더적인 차별과 편견이 산재해 있음에도 불구하고 오늘날까지 별다른 제재 없이 계속 출판되어왔기 때문이다. 그런 편견 가운데 최고로 경악할 만한 예는《히코리 디코리 살인》의 도입부이다. 기계처럼 정확한 레몬 양이 실수를 거듭하자 푸아로는 무슨 일이냐고 묻는다. 레몬 양은 언니 때문이라고 대답하는데, 지금까지 죽 싱가포르에 살아온 탓에 레몬 양은 그 언니에 대해 말한 적이 없었다. 푸아로는 "싱가포르 같은 곳이 존재해야 하는 이유가 바로 그런 것이리라. 그래야 이 세상의 레몬 양 같은 여자가 기계처럼 효율적으로 자기 고용주의 일에만 몰두하게 해줄 테니 말이다"라고 생각한다.[3] 갑자기 푸아로에게 분노가 치민다. 싱가포르의 존재 이유가 겨우 그거라니!

물론 더 심한 표현도 많다. 애거서의 말년에 출간된《프랑크푸르트행 승객》(1970)의 한 대목을 보자. 스태퍼드 나이 경이 마틸다 대고모를 찾아온다. 베트남전쟁이 화제에 오르자 마틸다는 "말레이시아, 시암, 타이, 베트남"을 혼동하다가 갑자기 "나는 베트남이라는 단어도 듣기 싫다"라며 장광설을 늘어놓는다. 그곳은 온통 아수라장이고, 북베트남, 남베트남, 베트콩, 베트남 국민(Viet)이고 뭐고 그들이 원하는 것은 오직 싸움밖에 없다면서 맹렬하게 비난을 퍼붓는다. 그러면서 그들은 '프랑스 파리나 아니면 다른 어디든 간에 회의에 참석해서' 분별 있는 대화를 하지 않을 사람들이라고 단정해버린다.

이내 마틸다는 자신이 숙고 끝에 아주 좋은 해결책을 생각해냈다면서 자랑스러운 표정을 짓는다. 그것은 축구장을 많이 만들어서 베트남 사람들 모두 축구장에 몰아넣고 싸우게 하는 방법이란다. 그렇게 되면 최소한 살상 무기는 사용하지 않을 것이고, 그들은 어차피 싸움을 즐기니까 즐거울 것이고, 사람들도 그것을 즐길 것이라고 확신한다. 그러고는 곧바로 나이 경에게 "너는 거기서 입장권을 팔면 되잖니"라고 덧붙이기까지 한다.[4] 지독할 정도로 제국주의적인 발언이 아닌가.

그런가 하면 다양한 인종적 편견을 한데 모아놓은 작품도 있다. 《히코리 디코리 살인》이 그렇다. 외국인 학생들이 많이 묵고 있는 런던 대학가의 한 호스텔을 무대로 설정한 탓에 소설 속에는 각양각색의 인종적 편견이 난무한다. 살인사건이 발생하고 샤프 경감은 투숙하는 학생들과 면담을 한다. 아프리카 출신 학생 아키봄보는 경감에게 죽은 실리아 양의 머리카락이나 손톱 조각을 얻을 수 있냐고 요청한다. "과학적이지도 현대적이지도 않은 방법이지만 제가 살던 나라에서는 많이 사용되는 방법입니다"라면서 말이다.[5] 이 대목은 아프리카를 허황한 주술에 의존하는 낙후된 곳으로 깎아내리는 동시에 아무리 '문명화된 런던에서 공부하는 학생'일지라도 그의 본질은 그 주술적인 힘을 믿는 고향에서 절대로 벗어날 수 없다는 것을 암시한다.

같은 호스텔에 머무는 나이절 채프먼은 또 어떤가. 나이절의 출생지는 나가사키인데 그는 자기 가족은 일본과 아무 관계가 없다고 어필하느라 바쁘다. "우리 부모님이 도대체 거기서 뭘 하고 계셨는지 알 수가 없어요. 아마도 세계일주 여행 중이셨겠죠"라면서 말이다. 일본은 단지 스쳐 지나가는 곳일 뿐, 자기 가족과 인연을 맺을 만한 아무런 가치도 없다는 식이다. 그는 한술 더 떠서 일본에서 태어났다고 해서 자신이 일본인이 되는 것은 아니라고 강조한다. "전 지금 런던대학에서 청동기시대와 중세사 학위 과정을 밟고 있어요"라고 덧붙이기까지 하며 말이다. 영국 유수의 대학에서 영국 역사를 전공하는 '정통파' 영국인임을 내세우는 것이다.[6]

에드워드 사이드(Edward W. Said, 1935~2003)의 《오리엔탈리즘(Orientalism)》[7]에 익숙한 독자라면 《카리브해의 비밀》의 한 장면은 마치 그 이론을 증명하는 생생한 사례집처럼 느껴질 수도 있다. 래필 씨의 마사지사 잭슨은 몰리의 욕실에서 수상한 행동을 하다가 마플에게 딱 걸린다. 잭슨은 요즘 세상에는 너무 많은 약이 유통되고 있다면서 약의 폐해에 대해 열변을 늘어놓는다. 그러다 뜬금없이 마약과 동양을 연결짓기 시작한다.

> 저는 가본 적은 없지만요 동양에서는 온갖 웃기는 일이 일어나곤 했죠. 여자들이 남편에게 무얼 먹이는지 보면 깜짝 놀라실 겁니다. 예를 들어 오래전 인도에서 젊은 여자가 늙은 남편과 결혼했다고 칩시다. 아내는 남편이 죽기를 바라지는 않아요. 왜냐하면 남편 시체와 함께 불태워질 테니까요. 그걸 피한다 해도 그녀는 집에서 쫓겨나게 되죠. 그 당시 인도에서 과부가 된다는 건 끔찍한 일이었

어요. 하지만 대신 늙은 남편에게 마약을 주어 반송장으로 만들고 환각 상태에 빠지게 해서 숨만 붙어있게 할 수 있었습니다.[8]

애거서는 똑같은 소재를《잠자는 살인》에서도 쓴 적이 있다. 그웬다가 펜로즈 의사로부터 아버지 할리데이 소령이 자살했다는 얘기를 듣게 되는 부분이다. 죽기 전 할리데이 소령은 아내가 자신에게 마약을 주어 환각에 빠지게 했다고 의심하고 있었다. 펜로즈는 "물론 그(할리데이)는 인도에 살았었지요. 거기는 아내가 남편에게 흰독말풀을 먹여 미치게 만드는 곳이지요"라고 말한다.[9]

영국인들은 칼로 사람을 찌르지는 않습니다.

그런데 애거서가 소설에 '동양' 같은 비유럽 지역에 대한 차별만을 썼던 것은 아니다. 오히려 유럽 내 다른 나라에 대한 편견이 더 자주 나온다.《침니스의 비밀》에는 프랑스인에 대한 편견이 그대로 드러나는 대목이 있다. 버지니아는 시체가 발견되었다는 사실을 하녀 엘리스에게 알리지 않는다. 그녀가 '프랑스인이라서 쉽게 히스테리를 부리기' 때문이다.[10] 또한《13인의 만찬》을 보면 영국인들이 파리(Paris)라는 말만 들어도 곧바로 성적 방종을 떠올렸다는 사실을 알 수 있다.[11]

그런데 영국과 프랑스는 서로에 대한 적개심을 갖고 있던 탓에 프랑스 사람들도 영국 사람들이라면 무조건 경멸하는 것으로 그려진다. 프랑스가 배경인《골프장 살인사건》에는 별장에서 일하는 프랑수아즈 할멈이 나오는데, 그녀는 영국인은 아주 이상한 사람들이라며 진절머리를 친다. 프랑스 형사 지로는 잔뜩 뽐내면서 영국 경찰이란 아마 자기네 나라의 예심판사 정도의 아마추어일 뿐이라고 깎아내린다.[12] 《푸른 열차의 죽음》도 빼놓을 수 없다. 프랑스인 코 총경은 "우리나라 열차 강도는 영국 열차 강도보다 훨씬 잔인할 겁니다"라면서 잔인성에서조차 프랑스가 더 낫다는 식으로 말한다.[13] 이처럼 애거서는 프랑스인을 유치하게 뻐기는 허풍선이로 묘사하는 경향이 있다.

그런데 이탈리아는 훨씬 더한 취급을 받는다. 《히코리 디코리 살인》에 나오는 문제의 호스텔을 다시 들여다보자. 그곳의 주인은 니콜레티스 부인인데 이탈리아 사람들에 대한 편견으로 가득 차 있다. "이탈리아 사람들은 죄다 도둑에다 거짓말쟁이라고!"라고 소리를 지른다.[14] 게다가 애거서는 이탈리아에 대한 부정적인 인식을 다른 나라 사람들도 공유하는 것처럼 표현하기도 했다. 《오리엔트 특급 살인》에서 국제침대차회사의 중역으로 나오는 부크 씨는 푸아로와 마찬가지로 벨기에 사람인데, 그는 이탈리아 사람들을 대놓고 싫어한다. 굉장한 거짓말쟁이라는 이유에서다.[15]

한술 더 떠서 이탈리아 사람들은 잔인하고 폭력적이라는 인식도 강하다. 부크 씨는 이탈리아인들이 단도를 잘 쓴다고 말하는데 그 말은 나중에 푸아로가 "영국인들은 칼로 사람을 찌르지는 않습니다"라고 말하는 대목과 선명한 대비를 이룬다.[16] 《나일강의 죽음》에서도 마찬가지다. 화를 잘 내는 것으로 알려진 이탈리아 사람이 총을 소지했다는 사실만으로도 갑자기 분위기가 경직된다.[17] 그뿐만이 아니다. 《마술 살인》에서 스티븐 레스터릭은 한식구인 지나에 대해 독설을 서슴지 않는데, 그 이유가 지나에게 이탈리아인의 피가 흐르기 때문이란다. 스티븐은 이탈리아 사람들은 태생적으로 잔인해서 늙거나 못생긴 사람, 그리고 조금 모자라는 사람들을 손가락질하고 비웃는다고 말한다. 그래서 지나가 누군가에게 당한 것은 사필귀정이라는 논리를 펼치기까지 한다.[18]

어디 그뿐이랴. 유대인과 그리스인도 차별받기는 매한가지였다. 《할로 저택의 비극》에서 미지가 일하는 옷가게의 여주인은 "염색한 머리와 뜸부기같이 짹짹거리는 목소리를 가진 화이트채플(유대인 이민자들이 집단으로 거주하던 곳)의 유대인"이다.[19] 《벙어리 목격자》의 아룬델 양은 착한 조카딸 벨라가 그리스인과 결혼한 것이 대단히 불만이다. "외국인일 뿐만 아니라 그리스인이기까지!"라고 분노를 터트릴 정도다. 아룬델 양은 그리스인이 아르헨티나인이나 터키인만큼 나쁘다는 편견을 지니고 있었다.[20]

심지어 영국과 아주 우호적인 관계를 맺고 있던 미국을 비하하는 대목도 있다. 애거서의 아버지가 미국인이라는 사실을 고려하자면 심지어 신선하게 느껴질 정도다. 《나일강의 죽음》에서 퍼거슨은 교육이 백인들을 약해빠지게 만들었다면서 갑자기 미국을 보라고 소리친다. "문화라는 명목으로 난장판이 되어가죠. 정말 역겨워요."[21] 그런데 미국에 대한 반감은 비영국인 혹은 비유럽의 입을 통해서도 반복된다. 《히코리 디코리 살인》에 나오는 엘리자베스 존스턴은 자메이카에서 온 법학도이다. 그녀는 미국인들이 신경질적이고, 걱정이 많고, 온갖 바보 같은 것들을 다 의심한다고 말한다. 그들이 벌인 마녀사냥과 스파이 광풍의 히스테리, 공산주의에 대한 과도한 강박관념이 실제로 얼마나 자신들을 우습게 만들었냐고 하면서 말이다.[22] 이렇게 보자면 영국인은 모든 다른 나라를 싫어하거나 깔보았던 것 같다.

네게 그 섬나라 근성이 좀 없었으면 좋겠어!

흥미롭게도 애거서는 영국인이 가진 민족적 우월성을 의식하고 있었고, 때때로 그것을 작품 속에서 비꼬기도 했다. '섬나라 근성(insularity)' 같은 단어를 콕 짚어 쓰면서 말이다. 《비둘기 속의 고양이》에는 그런 애거서의 인식이 잘 표현된 대목이 있다. 먼 나라를 다녀온 섯클리프 부인은 영국에 올 때마다 비가 내려서 우울하기 짝이 없다고 불평한다. 하지만 딸 제니퍼는 거리의 사람들이 모두 영어로 얘기하고, 정말 맛있는 차와 버터나 잼을 바른 빵, 제대로 된 케이크가 있는 곳에 돌아와 좋기만 하다고 대답한다. 섯클리프 부인은 "난 네게 그 섬나라 근성이 좀 없었으면 좋겠어"라고 말하며 면박을 준다. 집에 있는 것이 그토록 좋으면 그 먼 페르시아만까지의 여행이 무슨 도움이 되느냐면서 말이다.[23] 또 있다. 《벙어리 목격자》에서 푸아로가 "영국인들은 영국인 의사만이 세계에서 유일한 의사들이라고 믿고 있죠. 섬나라 근성이에요"라는 부분 말이다.[24]

영국인들의 섬나라 근성은 아주 오래전부터 유럽에 널리 알려졌던 특성이었다. 고립된 섬나라의 특성상 혼자 잘난 줄 알고, 지나치게 거만하고 뽐내는 태도를 지니게 되었다는 것이다.[25] 그런데 나중에는 '영국인 근성(Englishness, Britishness)'이라는 말도 나오게 된다. 섬나라 근성과 영국인 근성은 사실 상호 호환이 가능한 말이다. 그런데 섬나라 근성이 주로 다른 나라나 민족을 무조건 싫어하고 경멸하는 배타성을 이야기한다면, 영국인 근성은 '우리는 이렇다'는 자기 정체성과 관련해 쓰이곤 한다. 이처럼 정체성을 강조할 때는 보통 '영국성'이라고 한다.

그런데 이것이 결국 동전의 양면이나 마찬가지인 것이, 다른 나라를 비판하는 과정에서 '우리는 다르다'는 생각으로 이어지고, 그러면서 자기 정체성이 도출되었기 때문이다. 린다 콜리(Linda Colley) 같은 학자들은 그런 영국성이 18세기에 생겨났다고 주장했다. 잦은 전쟁으로 영국이 프랑스라는 타자를 의식할 수밖에 없는 상황에서 내부의 통합적 정체성을 만들어냈다는 시각이다.[26] 물론 나는 《지도 만드는 사람》을 통해 밝혔듯이 영국인의 정체성이 그보다 훨씬 빨리 생겨났다고 생각한다. 최소한 16세기 초 헨리 8세가 로마와 결별하는 순간에 이미 생겨난 것으로 본다.[27]

애거서는 섬나라 근성뿐만 아니라 영국인 근성 혹은 영국성이라는 단어도 많이 썼다. 《나일강의 죽음》이 그 한 예다. 문제의 총기사고가 벌어지기 직전 재클린은 술을 마시고 술주정을 하고 있었다. 그녀는 자신의 술주정을 말리는 사람에게 "그래요, 당신은 구경거리가 생길까봐 겁나는 거지요? 그 지긋지긋한 영국인 근성 때문이겠지요"라고 말한다.[28] 여기서 영국인 근성은 어떤 상황에서도 냉정하고 평정심을 잃지 않는 특성을 말한다. 요란하게 기뻐하거나 슬퍼하지 않으며 언제나 최악의 상태를 상정하고 편안함을 느끼는 정신이다.[29] 동양의 '중용'과 비슷한 말이다.

그 특성을 적확하게 표현한 대목을《마술 살인》에서 찾을 수 있다. 마플과 루이스 세러콜드는 사람이 갖춰야 할 '균형 감각'에 대해 대화를 나눈다. 그런데 마플이 보기에 영국 사람들의 균형 감각이란 중도가 아니라 패배주의에 치우친 듯하다. 마플은 영국인들은 전쟁에서조차 승리보다 패배하고 퇴각한 일에 훨씬 더 자부심을 느낀다면서 "외국 사람들은 왜 우리가 덩케르크(Dunkerque) 철수를 그렇게 자랑스러워하는지 절대로 이해하지 못할 거예요"라고 말한다. 영국인들은 승리를 기뻐하는 일이 마치 패전국에 못 할 짓을 하는 것처럼 느끼며 '당황스럽다는 듯' 행동한다는 것이다.[30]

이런 상황에서도 영국인의 페어플레이를 향한
열정을 충족해야만 하는 거지!

평정심과 더불어 영국인들이 내세우는 대표적인 민족성은 바로 페어플레이 정신이다. 정당한 행동이 승리보다 더 중요하다는 덕목으로, 케이트 폭스(Kate Fox) 같은 학자는 페어플레이 정신이야말로 아직도 여전히 영국인이 가장 열망하는 이상이라고 주장한다.[31] 애거서도 페어플레이 정신을 작품에 삽입한 적이 있다.《골프장 살인사건》의 후반부를 보면 헤이스팅스와 푸아로의 사이가 살짝 틀어진 대목이 있다. 헤이스팅스가 가련해 보이는 벨라 뒤브앙 양을 도와주는 실수를 했기 때문이다. 해서는 안 될 일이었지만 헤이스팅스는 신사도를 내세우며 반성하지 않는다. 푸아로는 그렇다면 자신을 적으로 삼으라며 경고를 날린다. 헤이스팅스는 정당하고 공명정대하기만 하다면 자기도 상관없다고 받아친다. 푸아로는 헤이스팅스에게 "이런 상황에서도 영국인의 페어플레이를 향한 열정을 충족해야만 하는 거지!"라고 비아냥거린다.[32]

그런데 '승부' 혹은 '플레이'라는 말은 이미 시합이나 게임 혹은 싸움을 전제로 한 말이다. 바로 그 시합이나 게임은 또 다른 영국인의 주요 특성이다. 학자들이 영국인들은 '게임에 대한 강박적인 선호'를 지니고 있다고 정의했을 정도니 말이다.[33] 그런 이유로 오늘날의 인기 스포츠는 거의 다 영국에서 시작되었다. 19세기에 럭비 스쿨을 필두로 영국의 사립학교들이 많은 스포츠의 규칙들을 정하면서 대부분의 근대 스포츠를 만들어냈다. 영국 정부는 일찌감치 결투를 금지하는 법을 제정했는데, 어떤 이들은 결투를 못하게 된 젊은이들이 대체물로 스포츠를 만들었다고 주장한다.

영국성을 이야기할 때 빠뜨려선 안 될 게 하나 더 있다. 바로 내기다. 내기는 게임의 하나이자 게임과 쌍을 이루며 빈번하게 일어나는 것으로, 영국인을 특징짓는 또 하나의 중요한 요소다. 영국인은 항해를 떠난 배가 과연 무사히 돌아올지를 두고 내기를 하다가 보험을 만들어낸 사람들이다. 그런데 내기와 도박은 사실 종이 한 장 차이다. 영국에서 내기는 합법이고 도박은 불법이다. 그 둘을 구분 짓는 게 사실 얼마나 모호한가.

《창백한 말》에는 바로 그 모호함을 적확하게 짚는 대목이 있다. 마크 이스터브룩은 자격을 박탈당한 전직 변호사 브래들리를 찾아간다. 그의 사무실은 거대한 범죄사업의 소개소 역할을 하는 곳이다.

브래들리는 자신이 하는 일은 모두 완벽하게 합법적이라고 강조한다. "단지 내기를 걸 뿐이죠"라면서 말이다.[34] 내기를 합법화한 주체는 영국 정부였다. 영국 정부는 내기의 공식적인 형태인 복권을 발행해서 급한 재정적 필요를 충당하곤 했다. 잘 알려지지 않은 일이지만 영국박물관(British Museum, 대영박물관은 잘못된 표현이다)도 그렇게 생겨났다.

오늘날 세계 제일의 박물관으로 꼽히는 영국박물관은 1753년 사망한 한스 슬론(Hans Sloane, 1660~1753)이 유증한 방대한 컬렉션을 토대로 세워진 것이다. 슬론은 자신의 수집품을 영국 정부가 1년 안에 사들이지 않으면 해외 기관에 줘버리겠다는 으름장을 유언장에 명시했다. 갑자기 거액의 기금이 필요하게 된 영국 정부는 고심 끝에 복권을 발행하기로 결단을 내렸다. 복권은 날개 돋친 듯 팔려서 소장품의 대금을 지급하고 박물관이 들어설 땅과 건축, 인테리어 비용까지 충당할 수 있었다. 물론 그 모든 절차가 이를 위해 제정한 영국박물관법(The British Museum Act, 1753)에 따라 진행된 '합법적'인 것이었다.[35] 사적 욕망과 공적 이익이 버무려진 이 사례만 보더라도 영국인들은 참 독특하지 않은가?

"돈, 돈, 돈! 나는 아침에도, 낮에도,
밤에도 돈만 생각해요!"

12

돈

애거서의 초기작 《비밀 결사》(1922)의 오프닝을 보자. 젊은 터펜스와 토미는 런던의 한 식당에 마주 앉아 신세 한탄을 하고 있다. 둘 다 쪼들리는 처지라서 음식값도 각자 내기로 한 터였다. 터펜스가 "돈, 돈, 돈!" 하면서 자신이 하루 내내 돈만 생각한다고 하자 토미 역시 돈을 벌 수 있는 모든 방법을 생각해보았다고 맞장구친다. 터펜스는 단호하게 "오직 세 가지 방법이 있어! 물려받거나, 결혼하거나, 직접 벌거나"라고 말한다.[1] 이 순서는 흥미롭게도 20세기 초 영국 상류계층이 부를 축적할 수 있었던 가능성의 서열과 일치한다.

애거서 크리스티의 추리소설에는 상류층 사람들이 많이 나온다. 애거서가 그려내는 상류층은 아주 높은 작위를 가진 전통적인 귀족이 아니라 새롭게 부를 축적해 상류층의 반열에 오른, 신흥귀족이라 불릴 만한 사람들이다. 그리고 등장인물 대부분은 그런 친인척에게서 큰 재산을 물려받은 사람 혹은 물려받을 유산을 목 빼고 기다리는 사람들이다. 그렇다면 유산을 물려주던 사람들은 애초에 어떻게 부를 쌓았을지가 궁금해진다. 그것은 바로 제조업이었다.

《애크로이드 살인사건》(1923)에서 시골 대주주처럼 행세하는 로저

애크로이드는 원래 짐마차 바퀴를 만들어 엄청난 돈을 벌어들인 제조업자였다.[2] 《푸른 열차의 죽음》(1928)에 등장하는 탬플린 부인은 단추공장으로 성공한 남편이 물려준 돈으로 리비에라(Riviera)의 사교계를 주름잡으며 살아간다.[3] 좀 더 살펴보자. 《세븐 다이얼스 미스터리》(1929)는 《침니스의 비밀》의 무대가 되는 침니스 저택에서 펼쳐지는 사건을 다룬다. 침니스의 소유주는 캐터햄 경이지만 지금은 오즈월드 쿠트 경이 세를 얻어 살고 있다. 쿠트 경은 자전거포에서 일하던 청년으로, 장인의 철물점을 키워 제철업으로 큰돈을 벌었다. 그렇게 성공한 후에 그는 영국에서 가장 커다랗고 호화스러운 저택마다 빌려서 사는 취미를 갖게 되었다.[4]

《장례식을 마치고》도 빼놓을 수 없다. 피살된 리처드 애버시니는 코랄(Coral)이라는 상표의 티눈 고약과 발 크림으로 엄청난 돈을 벌어들였다. 그 돈으로 애버시니는 고딕양식의 웅장한 저택을 짓고 자식 일곱 명에게 수입을 나눠주었다.[5] 《엄지손가락의 아픔》에 등장하는 필립 스타크 경의 아버지도 제철 사업을 통해 부를 쌓았는데 스타크 경은 그 재산을 물려받은 뒤 평생을 두문불출하는 이상한 사람이 되었다.[6] 이쯤 되면 20세기 초 영국 제조업의 굵직한 지형이 대충 드러난다. 짐마차나 단추공장 같은 제조업과 제철, 제약이 나왔다. 아! 조선업이 빠질 수 없다. 《할로윈 파티》(1969)에서 피살이 의심되었던 루엘린 스마이스 부인은 돈이 넘쳐나던 사람이었는데 그 재산은 죽은 남편이 커다란 조선소를 운영해서 벌어들인 것이다.[7]

돈 버는 방법은 오직 세 가지,

물려받거나, 결혼하거나, 직접 벌거나!

다시 《비밀 결사》로 돌아가보자. 터펜스는 "돈을 물려받는 첫 번째 방법은 글렀어. 내게는 부자이면서 나이도 많은 친척이라고는 단 한 명도 없거든!"이라고 말한다. 그래서 두 번째 방법인 결혼만이 큰돈을 만질 수 있는 최선의 수단이라고 판단했다.[8] 실제로 이 시기 영국의 상류사회에서는 돈을 목적으로 하는 결혼이 대유행이었다. 그런데 진짜 큰돈이 오가는 결혼을 꾀하던 주인공들은 흥미롭게도 터펜스 같은 여성이 아니라 대부분 남성이었다. 그것도 제비족 같은 남성들이 아니라 번듯한 남성 귀족 말이다. 그 고상한 도련님들은 막대한 부를 소유한 미국의 상속녀를 목표물로 삼았다. 이 시기 영국 귀족들이 위기에 봉착했기 때문이다.

19세기 말에 이르면 영국의 전통적인 귀족들은 그야말로 몰락을 목전에 두고 있었다. 그들에게는 방대한 토지가 부와 지위의 원천이었는데, 광대한 평원을 가진 미국이 세계적인 농산물 생산의 주역으로 떠오르면서 농업생산물은 경쟁력을 잃게 되었고, 귀족이 누리던 정치·경제적 지위의 기반이었던 농촌 인구는 급속하게 감소해갔다. 산업화의 거센 물결 속에서 공장 운영이나 무역 등으로 발 빠르게 전환한 소수는 살아남았지만 그렇지 못했던 귀족들은 경제적으로 어려움을 겪었다. 반면 미국에서는 풍부한 자연자원을 기반으로 도금시대(鍍金時代, Gilded Age, 1865~1898)를 거치며 엄청난 부를 축적한 신흥 부자들이 속속 생겨났다. 록펠러, 카네기, 밴더빌트 같은 전설적인 대부호들이 탄생한 것이다.

이 대부호들에게 단 하나 부족한 것이 있다면 바로 초라한 출신을 완전하게 상쇄할 수 있는 '사회적 지위'였다. 유럽, 특히 영국의 왕족이나 귀족의 타이틀은 상류사회로의 진입을 보장해주는 가장 확실한 통행권이었다. 그런 열망이 얼마나 뜨거웠는지 1890년대 미국에서는 《작위를 가진 미국인(Titled Americans)》이라는 잡지가 큰 인기를 끌었다.[9] 해외의 귀족과 결혼에 성공한 미국인의 신상과 결혼 스토리, 그리고 현재 결혼 가능한 해외 귀족들의 명단과 자세한 신상 정보를 담은 책이었다.

그리하여 영국에는 엄청난 지참금을 들고 귀족 가문에 시집온 미국 신부들이 생겨났다. 영국인들은 그런 신부들을 '달러 프린세스(dollar princesses)'라고 불렀는데, 그 별명에는 조롱과 비아냥이 다분히 담겨있다. 하지만 이들이 영국으로 시집오는 덕분에 영국 귀족들이 자신들의 지위를 적어도 한 세대 동안 연장할 수 있었다는 것이 중론이다.[10] 영국과 미국에서 엄청난 인기를 누렸던 TV 시리즈 〈다운튼 애비(Downton Abbey)〉의 여주인 코라가 미국인으로 설정된 것도 그런 맥락에서다. 코라가 들고 온 지참금으로 위기에 놓였던 저택 다운튼 애비는 한동안 유지될 수 있었다.

달러 프린세스의 선두주자 가운데 가장 유명한 사람은 영국 수상 윈스턴 처칠의 어머니 제니 제롬(Jennie Jerome, Jennie Spencer-Churchill, 1854~1921)이었다. 제니 제롬의 아버지 레너드 제롬(Leonard Jerome, 1817~1891)은 월스트리트의 천재적인 투기꾼이었다. 최고의 우량주이던 철도 주식에 집중해 엄청난 부를 축적한 그는 신분 상승에 대

제니 제롬(1888년)

미국의 부호 레너드 제롬의 둘째 딸로 영국 명문가 처칠 가문의 랜돌프 처칠과 결혼해 영국으로 온 '달러 프린세스' 제니 제롬(레이디 랜돌프 처칠). 그녀는 특유의 밝은 성격과 총명함, 빼어난 미모로 사교계를 주름잡으며 남편 랜돌프는 물론 아들 윈스턴 처칠의 정치 경력에 큰 도움을 주었다. (출처: 영국 국립초상화미술관)

한 열망으로 불타오른다. 그래서 당시 뉴욕 사교계에서 소문난 미인이었던 둘째 딸 제니를 영국의 명문가 처칠 공작 가문의 둘째 아들 랜돌프(Randolph Henry Spencer-Churchill, 1849~1895)에게 시집보내기로 한다. 5만 파운드의 지참금과 매년 1,000파운드의 용돈을 딸려 보내면서 말이다.

경제적으로 곤란한 처지에 놓여 있던 처칠 가문은 제니 제롬의 지참금으로 당장 급한 불은 끌 수 있었다. 하지만 영국에서 버킹엄궁 다음으로 큰 규모를 자랑하던 블레넘궁을 유지하기 위해서는 더 많은 돈이 필요했다. 이제는 적장자가 나서야 했다. 치밀한 공작 끝에 9대 말보로 공작 찰스 스펜서 처칠(Charles Spencer-Churchill, 1871~1934)과 당시 미국 최고의 갑부 밴더빌트 가문의 콘수엘로 밴더빌트(Consuelo Vanderbilt, 1877~1964)의 결혼이 성사되었다. 지참금의 규모는 훨씬 더 커져서 250만 달러 상당의 밴더빌트 소유 주식이 양도되었고 신랑 신부에게는 매년 10만 달러의 용돈 지급이 약속되었다.

〈다운튼 애비〉에 나오는 금실 좋은 백작 부부와는 다르게 '기획 결혼'이나 마찬가지인 이런 결혼은 대개 태생부터 행복하게 유지되기 어려운 것이었다. 콘수엘라는 신혼여행에서 남편으로부터 직접 내연녀의 존재에 대해 듣게 되었는가 하면, 제니는 훗날 에드워드 7세가 되는 웨일스 공을 비롯해 여러 애인을 두고 자유로운 연애 행각을 벌였다. 제니는 결혼 전에 뉴욕의 사교계에서도 최고의 인기를 누렸었는데, 흥미롭게도 애거서의 아버지도 그 상대 가운데 하나였다고 한다. 아버지에 대해 "지금 기준에서 보자면 그다지 훌륭한 인물이 아니고 게으른 삶을 살았다"[11]고 냉정하게 평가하는 애거서는 미국인 아버지가 '뉴욕의 내로라하는 미인들과 재기 넘치는 아가씨들과 오래도록 연애를 즐긴 후에야' 영국으로 와서 얌전한 사촌누이인 어머니에게 청혼했다고 기록했다. 애거서는 굳이 아버지의 파트너 중 하나가 '그 유명한' 제니 제롬이라고 괄호 안에 명시해두었다.[12]

따라서 애거서의 작품에 미국인 상속녀가 다수 등장하는 것은 당시 사회상에 비추어 아주 자연스러운 일이었다. 《푸른 열차의 죽음》에서 엄청나게 값비싼 루비를 잃어버리는 주인공 루스 케터링은 백만장자 아버지를 둔 미국인이다. 《부머랭 살인사건》에 나오는 수수께끼 같은 인물 배싱턴프렌치는 몰락한 명문가 출신인데, 그의 친척 중 하나는 미국인 상속녀와 결혼해서 그나마 명맥을 유지하고 있었다.[13] 《나일강의 죽음》의 비극적인 주인공 리넷 리지웨이는 미국인 백만장자의 외동딸이었던 어머니로부터 물려받은 엄청난 재산의 소유자다.[14] 또 있다. 《누명》에서 불우한 아이들을 대거 입양해 유사가족을 이룬 아가일 부인 말이다. 그녀는 백만장자 아버지와 미국 갑부의 딸 어머니에게 물려받은 돈으로 복지사업에 투신할 수 있었다.[15]

재산이 믿기 힘들 정도로 황홀하게 늘어나는데
…… 돈이 돈을 만들어냈어요.

상황이 이랬기에 영국 사교계에서 미국인은 곧 부자라는 등식이 성립되었다. 애거서도 《자서전》에서 여러 차례 당시 미국인이라면 무조건 부자로 여겨졌다고 불평 섞인 목소리로 말한다. 사실 자기 집은 안락하게 살 만한 정도였다면서 말이다. 애거서의 집에는 집사나 말, 마차, 마부가 없었다. 하인은 셋이었는데, 당시 중상류층 기준에서 볼 때 집안을 꾸려가는 데 최소한의 하인 수였다.[16] 게다가 애거서가 열한 살 때 아버지가 갑자기 사망하면서 가세는 더욱 급속하게 기울었다. 신탁에 넣어두었던 할아버지의 유산은 어느 때부터인지 벌써 사라지고 없었다. 아버지의 돈을 관리하던 수탁자들의 농간 탓인 게 분명했지만 취할 수 있는 조치가 거의 없었다.[17] 이런 경험 때문인지 애거서의 작품에는 투자의 위험이며 금융가의 비도덕성 등 금융업에 대한 곱지 않은 시선이 존재한다.

먼저 단편 〈잃어버린 광산〉을 살펴보자. 은행에 간 푸아로는 100퍼센트 이상의 배당을 받을 수 있다는 주식 투자를 거부한다. 자신은 프랑스의 장기공채나 영국의 콘솔공채(consol bond, 1751년 영국 정부가 발행하기 시작한 영구 채권. 약 3퍼센트 정도의 이자를 연금 형식으로 지급한다) 같은 안전한 투자를 선호한다면서 투기적인 투자에 대한 거부감을 내비친다.[18] 하나 더 보자. 《침니스의 비밀》(1925)에서 애거서는 발칸반도에 있다는 가상의 왕국 헤르초슬로바키아를 등장시킨다.[19] 강대국들은 그곳의 석유채굴권을 차지하기 위해 온갖 불법적인 수단을 동원한다. 영국기업연합의 대표 허먼 아이작슈타인이 "현재는 월스트리트가 이기고 있지요"라고 말하는 대목은 이권을 위한 공작과 불법행위의 핵심이 뉴욕의 금융가라는 사실을 드러내어 꼬집는 장면이다.[20]

사실 이 작품이 쓰인 전간기는 제조업으로 돈을 벌던 전통이 무너지고 자산 투자가 부를 축적하는 최고의 방법으로 자리 잡아가던 때였다. 존 스티븐슨(John Stevenson) 같은 학자는 이 시기의 부자들이 '불균형할 정도로' 상업과 금융으로 재미를 보았다고 분석했다.[21] 애거서도 그런 움직임을 잘 알고 있었다. 《프랑크푸르트행 승객》의 샤를로트 폰 발트자우젠 백작 부인은 유전과 구리 광산, 남아프리카의 금광, 스웨덴의 무기공장과 북반구의 우라늄 광산, 원자력 발전소와 엄청나게 긴 코발트 광산 등 '모든 것'을 가진 사람이다. 그 재산은 철도회사를 가진 할아버지와 군수업과 조선업에 손댄 할머니의 부에서 출발했다. 하지만 그녀는 그 엄청난 자산을 다시 투자하면서 눈덩이처럼 돈을 불려나간다. 그녀는 "재산이 믿기 힘들 정도로 황홀하게 늘어나는데 …… 돈이 돈을 만들어냈어요"라고 말한다.[22]

애거서는 거대한 금융자본을 바탕으로 최정상의 부호가 된 이들을 그다지 달갑게 보지 않았다. 그들은 돈 말고 다른 것을 간절하게 원하는 사람들, 즉 돈만으로는 결핍을 느끼는 인물들이다. 발트자우젠 백작 부인만 해도 그렇다. 그녀는 뛰어난 젊은이들을 휘하에 모아들인다. 세계를 정복하려는 야욕으로 제2의 나치당 같은 엘리트 집단을 만들고자 한 것이다. 이 프로젝트를 위해 납치와 살인, 수많은 젊은이를 마약에 중독시키는 일도 서슴지 않는다.

《애국 살인》의 엘리스터 블런트는 또 어떠한가. 영국 최고의 은행 총수인 그는 정부의 요청도 단호히 거절하는 '최고의 권력을 손에 쥔 사람'이다.[23] 그런 사람이라서 그럴까. 그는 세 사람이나 죽여놓고도 그 끔찍한 행동이 자신을 위한 이기적인 일이 아니라 국가를 위한 일이었다고 정당화한다. 블런트는 푸아로에게 "나는 돈에 대해서 그리 큰 관심이 없습니다. 나는 권력을 사랑하고 지배하는 것을 좋아합니다"라고 고백한다.[24] 돈을 초월한 그가 진정 원했던 것은 바로 사람들을 지배하려는 욕망이었다.

그런데 내가 보기에 이런 부류 가운데 최고는 《죽음을 향한 발자국》(1954)에 나오는 아리스타이디스다. 화자 힐러리는 모든 사건의 배후자인 아리스타이디스와 대면하게 된다. 그는 자기가 세계 제일의 부자라고 밝힌다. 그리고 자신이 부자이기 때문에 인류를 위해 공헌해야 한다는 책임감을 느껴왔다고 주절거린다. 그러면서 이렇게 덧붙인다. "재산이 지나치게 많아지면 할 일이 오직 하나뿐이오." 그것은 수집이었다. 아리스타이디스는 평생 유럽 최고의 미술품 컬렉션부터 도자기, 우표 등 많은 것을 수집해왔는데, 그것으로 성에 차지 않아 결국 '두뇌'를 수집하기에 이르렀다는 것이다. 그래서 의사, 화학자, 물리학자, 생물학자 등 세계적인 두뇌를 지닌 젊은이들이 아프리카의 거대한 비밀기지에 갇히게 된다.[25] 만일 어느 국가라도 이들의 두뇌가 필요하면 자신에게서 사가도록 하는 것이 그의 계획이었다.

힐러리가 "그렇다면 이게 모두 막대한 금융투자 작전이라는 말인가요?"라고 묻는다. 그는 "두말할 것도 없지. 그게 아니라면 뭐겠소? 나는 사업가요"라고 대답한다.[26] 수집은 명분일 뿐, 세계 최고의 부자는 아직도 돈을 더 벌고 싶을 뿐이다. 돈을 왜 버는지 그 목적성을 상실하는 것이 자본주의가 지닌 최고의 속성이라면, 그는 진정 최고의 자본주의자다.

“헬렌은 하녀 이름으로는
적합하지 않아”

13

계급

애거서에 대해 제기되어온 비판 중 하나는 그녀의 문장력이 형편없다는 것이다. 그 연장선에서 애거서의 작품은 지적(知的)이지 않은 언어, 즉 제대로 교육받지 못한 사람들의 언어로 쓰였다는 비판을 받아왔다. 그런데 그런 유의 비판에서 최고봉은 교육받지 못한 계급의 언어로 작품을 쓰는 그녀가 정작 그들에 대해 계급적 우월성을 견지한다는 점이었다.[1]

실제로 애거서의 작품에는 오늘날의 기준에서 보자면 깜짝 놀랄 만큼 하층민을 무시하는 듯한 대목이 많다. 예를 들어《3막의 비극》에 나오는 한 장면을 보자. 찰스 카트라이트 경은 드 러시브리저 부인을 찾으러 요양소에 간다. 그곳의 수간호사는 카트라이트 경을 향해 쓸데없는 얘기를 늘어놓는다. 부인이 최근에 서인도에서 귀국했는데 멍청한 하녀가 '웨스트 인디아 부인(Mrs. West India)께서 오셨습니다'라고 말했다는 것이다. 듣는 사람도 당황스럽기는 마찬가지였다. 그러자 수간호사는 드 러시브리저가 워낙 어려운 이름이고 웨스트 인디아와 비슷해서 하녀가 착각했을 것이라고 갑자기 변명을 늘어놓는다.[2]

한 하녀가 드러낸 무지함에 대한 에피소드는 그나마 괜찮은 편이다. 애거서 소설은 종종 하인이라는 직업 자체를 경멸하는 듯한 뉘앙스를 풍기는가 하면 심지어 그들의 처지가 노력이 부족해서 생긴 결과라고 암시하는 듯한 내용도 있다. 그 한 사례를《벙어리 목격자》에서 찾을 수 있다. 에밀리 아룬델 양이 갑자기 사망하자, 컴패니언이었던 미니 로슨이 전 재산을 물려받게 된다. 푸아로는 아룬델 양이 보냈던 편지를 뒤늦게 받고서 조사에 나선다. 의사 그레인저 박사는 로슨이 차지한 엄청난 행운에 분개한다. 푸아로가 아룬델 양이 자신을 돌봐준 로슨에게 고마움을 표하기 위해 재산을 물려주었을지도 모른다고 말하자 그레인저는 펄펄 뛰며 그 가능성 자체를 강력하게 부정한다. 그레인저의 말이다.

> 에밀리 아룬델은 미니 로슨을 개만도 못하게 취급했소. 그 세대의 특징이었지. 어쨌든 컴패니언을 하면서 먹고사는 여자들은 대개 어리석으니까. 만약 그들이 조금이라도 머리가 있다면 다른 방법으로 더 나은 생계를 꾸려갔을 테지요.[3]

《맥긴티 부인의 죽음》에는 더 심한 표현이 나타난다. 푸아로가 죽은 맥긴티 부인의 일상이 어땠는지를 묻자 서머헤이스 부인은 지독하게 단조로운 생활이었다고 대답한다. 언제나 무릎을 꿇고 바닥을 닦고, 아침에 출근하면 싱크대에 쌓여있는 설거지를 하면서 말이다. 그녀는 "만일 제가 매일 그런 일을 해야 한다면 분명히 살해당하는 것이 구원이라고 생각할 거예요. 정말로요"라고 덧붙인다.[4] 범죄의

희생양이 된 사람에게 하기엔 너무 잔인한 말이 아닐 수 없다. 그런데 그 이면에는 어쩌면 더 심각한, 떨쳐버릴 수 없는 계급의식이 짙게 깔려있다.

만약 지금 다시 어린아이가 된다면
가장 아쉬운 일은 하인이 없다는 사실이다.

여기서 흥미로운 점은 이런 말을 하는 이들이 하인을 고용한 고용주 혹은 고용주와 비슷한 계급에 속한 사람들이 아니라는 사실이다. 시골 의사인 그레인저나 하숙을 치는 서머헤이스 부인은 하류층의 바로 위에 자리한 중류층이라고 불릴 만한 사람들이다. 수간호사는 심지어 중류층이라고 부르기도 애매모호한 사람이다. 이처럼 애거서는 상류층이 아니라 그보다 사회적 신분이 낮은 이들의 입을 빌려 당시 하인을 바라보는 인식을 그려낸다. 상류층은 최소한 저렇게 노골적인 표현을 하지 않았으리라고 믿어서였을까. 혹은 중류층이 하류층의 삶을 좀 더 잘 알고 있다고 생각했던 때문일까. 흥미롭게도 자신을 '중상류층 집안 출신'으로 규정했던 애거서는 하인들의 삶에 대해 상대적으로 풍부한 지식을 가졌던 것으로 알려진다.

애거서의 《자서전》은 유모와 하인에 관한 이야기로 가득하다. 그들의 어마어마한 노동량에 경악을 금치 못하는가 하면, 그들이 놀라우리만치 다양한 집안일에 치이면서도 자신과 놀아주었던 시간을 소중하게 추억한다. 말년에 애거서는 "만약 지금 다시 어린아이가 된다면 가장 아쉬운 일은 하인이 없다는 사실이다"라고 썼다.[5] 그 이

에드워드 시대의 하인들

1905년 아일랜드 워터퍼드에 위치한 저택 커래그모어 하우스(Curraghmore House)에 고용되어 일하던 하인들의 모습이다. 이들은 집사, 가정부, 요리사, 운전사, 풋맨, 시중드는 하인 등 여러 형태로 고용되었는데, 이들 안에서도 하는 일에 따라 계급이 분명히 나뉘어 있었다. (출처: flikr.com)

유는 하인들이 아이들의 일상에서 가장 다채로운 부분을 차지하는 존재이기 때문이란다. 유모는 상투어를 가르쳐주고, 하인들은 드라마와 여흥, 그리고 정확하지 않지만 흥미로운 온갖 지식을 전달해주었다.

애거서는 1900년대 초의 하인들은 엄청나게 솜씨가 좋았다고 회고했다. 그랬기 때문에 당시 하인들에게는 일종의 '전문가로서 자긍심'이 있었다. 게다가 모종의 신비한 특권의식 같은 것이 있어서 가게 점원 같은 사람들을 업신여겼다.[6] 애거서는 아마도 이때 계급적 경멸이 계서적 사다리에서 서로 가장 가깝게 위치한 집단들 사이에서 가장 분명하게 나타난다고 생각했던 것 같다. 수간호사가 하녀를 무시하듯이 말이다.

1901년경 영국에서는 여성 인구의 3분의 1이 하녀로 일했다. 전간기에는 그 숫자가 4분의 1로 약간 줄어들었지만 실제로는 그보다 훨씬 많은 수의 여성이 젊었을 때 한 번쯤은 하녀의 삶을 경험했다.[7] 제1차 세계대전이 끝난 직후인 1920년대 영국 언론들은 '하인이 사라진다'라는 주제로 관련 기사를 크게 내보냈다. 빅토리아 시대의 충직한 하인들이 곧 없어질 것이라면서 '좋았던 옛 시절'의 향수를 듬뿍 담은 기사들이었다.

그러나 하녀는 사라지지 않았다. 그 이유는 첫째 여전히 빈곤층이 많았기 때문이고, 둘째, 영국 정부가 정책을 통해 하녀라는 직업군을 고의로 살려둔 측면도 있다. 1927년에서 1937년까지 노동부(Ministry of Labour)는 낙후지역의 취약한 노동자들을 다른 지역으로 옮겨 고용을 창출하는 정책을 시행했다.[8] 이동이 가능했던 가장 취약한 노동자는 젊은 여성들이었다. 그리고 이직이 가장 쉬웠던 직종이 하녀였다. 그만큼 하녀에 대한 수요와 공급이 많았다는 말이다. 그렇게 이동한 여성의 80퍼센트가 하녀로 취직했다.

그 정도로 많은 수가 하인으로 일했다면 이들은 당연히 근대 영국 역사에서 아주 중요한 움직임이었던 '노동운동'의 주체가 되어야 마땅했다. 그런데 흥미롭게도 하인은 노동계급의 역사에서 아예 배제되어버린 직종이었다. 노동사 연구를 이끌었던 마르크스주의 역사학이 하인의 노동을 단순한 재생산(reproduction)의 영역에 속한다고 규정해버렸기 때문이다. 그들은 오로지 상품의 생산(commodity production)만을 강조했고, 가사일 같은 데는 전혀 관심이 없었다. 그뿐만이 아니었다. 하인들은 노동운동에 별로 관심이 없었다. 그래서 가게 점원들까지도 나서서 조직했던 노동조합을 조직할 생각조차 하지 않았다. 최근 학자들은 이들이 노동운동에 나서지 않았던 이유를 고용주와 하인의 관계에서 찾는다. 주인과 하인 사이에는 일종의 가족 같은, 애정 어린 유대감이 있었다는 말이다.[9]

같은 맥락에서 테일러(P. Taylor)를 비롯한 일군의 학자들은 하녀가 사라지지 않았던 이유 중 하나로 어머니들이 딸들에게 그 일을 추천했기 때문이라고 주장했다.[10] 실제로 하인은 대물림하는 경향이 강한 직종이었다. 만약 하인으로서의 경험이 끔찍했다면 부모가 자식에게 그 일을 추천하지 않았을 것이다. 그런 논리로 학자들은 이 당시 하인과 주인 사이가 다른 직종에서의 고용주와 피고용인의 관계와 사뭇 다른 양상을 띠었다고 주장한다. 즉 노사관계에서 일반적으로 적용되는 착취-억압의 적대적인 구도로만 설명할 수 없다는 말이다.[11]

네게 무례하게 굴 수 없는 위치에 놓인 사람에게
항상 공손해야 한다.

어머니들은 설사 다른 일자리가 있더라도 딸에게 하녀 일을 추천했다. 하녀 일이 타락한 도시의 악덕으로부터 젊은 처녀를 보호하고 상층 계급의 사회적 규범을 익힐 수 있는 기회라고 생각했기 때문이다. 하녀는 이른바 '점잖은 계층' 사람들의 매너를 보고 배울 터였고, 심지어 따라 하고 싶을 수도 있었다. 반면 고용주는 그들은 자기들을 위해 '일하는 사람'이고, 자기들과 다르다는 점을 지속해서 상기시켜주었다. 사실 이 미묘한 구별 짓기의 전통은 그 역사가 꽤 오래된 것이었다. 16~17세기에 인쇄술이 보급된 후 《○○하는 법》 같은 방법론 시리즈 소책자가 널리 유행했는데, 그 가운데 《하인에게 효과적으로 모욕을 주는 법》이 인기를 끌었을 정도니 말이다.[12]

하인과 거리를 두기 위해서는 고용주가 자신이 존경받을 만한 사람이라는 모범을 먼저 보여주어야 했다. 그 원칙의 제1항목은 하인을 향해 예의를 갖추는 일이었다. 어린 애거서가 받았던 최초의 예절교육도 하인들에게 예절을 지키는 일이었다. 애거서의 어머니는 "네게 무례하게 굴 수 없는 위치에 놓인 사람에게 항상 공손해야 한다"고 가르쳤다.[13] 하인을 부르는 호칭 또한 계급적 구분이 분명히 드러나는 장치였다. 요리사는 근속 연수에 상관없이 항상 '미시즈(Mrs)'라고 불렸고, 하녀는 제인, 메리, 이디스 같은 하녀에 어울리는 '적절한 이름'을 가져야 했다. 바이올렛, 로저먼드, 무리엘 같은 이름은 부적절한 것으로 간주되었다.[14] 《푸른 열차의 죽음》에서 바이너 양이 "헬렌은 하녀 이름으로 적합하지 않아"라고 말하는 것은 그런 관습을 반영한 대목이다.

애거서는 하인들에게 '존경받는 계급'이 되기 위해서 수많은 규칙을 배워야 했다고 회고한다. 숙녀라면 접시에 항상 뭔가를 남겨야 한다거나, 입안에 음식이 든 채로 음료를 마시면 절대 안 되고, 기차 여행을 할 때는 만일의 사고를 대비해 항상 깨끗한 속옷을 입어야 하는 등 끝도 없었다.[15] 사실 영국 사회에서 계급은 너무나 중요한 것이었고, 최소한 애거서가 살던 세계에서 계급은 아직도 강력하게 작동하고 있었다. 그래서인지 애거서의 작품에는 계급적 표지에 관련된 내용이 넘쳐난다.

상대방의 사회적 위치를 파악하는 데 가장 손쉬운 표지는 옷차림이었다. 《맥긴티 부인의 죽음》을 보자. 푸아로는 스커틀 씨의 사무실을 방문한다. 스커틀은 척 보자마자 '전문적인 식견'으로 푸아로에게 등급을 매긴다. "외국인, 고급 신사복, 아마 부자일 듯. 레스토랑 소유주? 호텔 매니저? 아니면 영화 관계자?"[16] 그런데 종종 그런 판단을 하는 주체는 손님보다 계급이 낮은 하인이다. 특히 《크리스마스 살인》에 나오는 집사 트레실리언은 여자들의 옷차림에 일가견이 있는 사람으로, 만찬장에 참석한 손님들을 '품평'하기 일쑤다. "조지 부인의 드레스는 패션모델들이나 입는 값비싼 옷이네. 구두쇠인 조지 씨가 그 돈을 내주었을 리는 없어. …… 데이비드 부인은 괜찮은 여성인데 옷을 입을 줄 몰라. 그녀 몸매라면 검정 단색 벨벳이 제일 잘 어울릴 텐데 진홍색이라니. 형편없는 선택이야"라는 식이다.[17]

푸아로의 하인 조지도 만만치 않다. 조지는 손님이 오면 먼저 자신이 느낀 인상을 먼저 푸아로에게 브리핑한 뒤 들여보내곤 한다. 《파도를 타고》에 나오는 한 장면을 보자.

> 나이는 마흔에서 쉰 살 사이 정도이고, 옷차림은 단정하지 못하지만 약간 예술가 냄새가 납니다. 질 좋은 브로그(brogues) 구두를 신었습니다. 트위드 코트에 스커트. 하지만 거기에 레이스 블라우스를 받쳐 입었습니다. 조금 이상한 이집트 구슬 목걸이와 푸른색 시폰 스카프를 둘렀습니다.[18]

조지의 묘사에서 벌써 부정적인 뉘앙스가 느껴지지 않는가. 당연히 푸아로는 그 손님을 만나기 싫다고 했다.

나도 다른 사람들처럼
'h' 발음을 잘할 수 있단다.

사용하는 언어나 발음도 계급을 드러내는 중요한 표지였다. 영국에는 하류층이 자음을 잘 발음하지 못한다는 인식이 있다. 특히 그들이 성문폐쇄음(목구멍의 벽과 혀뿌리를 마찰해서 내는 소리)에서 't' 발음을 삼키거나 'h' 발음을 못한다고 생각한다. 손수건(handkerchief)을 예로 들자면, 하류층은 '앵커치프'라고 하지만 상류층은 '핸ㅋ치ㅍ'라고 발음한다.[19] 《푸른 열차의 죽음》에서 헬렌이 하녀 이름으로는 적절치 않다고 말하며 바이너 양이 "나도 다른 사람들처럼 'h' 발음을 잘할 수 있단다"라고 굳이 강조하는 이유가 바로 거기 있다.[20]

어쩌면 말투는 옷차림보다 훨씬 더 중요했다. 옷차림은 비교적 손쉽게 꾸며낼 수 있지만 구사하는 언어는 살아온 환경을 증언해주는, 쉽게 교정할 수 없는 신분적 징표였다. 애거서는 그 사실을 잘 알고 있었다. 《파도를 타고》에서 스펜스 총경이 로잘린 클로드를 찾아갔을 때의 일이다. 현관에서 그를 맞은 사람은 화려한 제복을 입은 당당한 풍채의 남자였다. 마치 외국의 장군이나 육군 원수처럼 보였다. 하지만 그가 입을 열자마자 교육받지 못한 런던 사투리가 튀어나오는 바람에 금세 신분이 들통난다.[21]

영국에서는 지금도 어떤 용어를 쓰느냐로 상류층과 비상류층을 곧바로 구별해낼 수 있다. 중류층 이상의 사람들은 화장실을 루(loo) 혹은 래버토리(lavatory)라고 부른다. 상류층의 모임에서 만약 누가 '토일렛(toilet)'이라고 말한다면 순간 주변 공기가 얼어붙는 것을 느끼게 된다.[22] 그런데 애거서는 훨씬 더 고풍스럽다. 《패딩턴발 4시 50분》의 마지막 부분이다. 맥길리커디 부인은 집주인에게 다가가 고민스러운 말투로 웅얼거린다. "실례지만 잠시 위층에 올라가도 될까요?"[23] 점잖은 부인이 화장실이라는 단어 자체도 쓰지 않으려고 위층(upstairs)이라고 표현한 것이다. 영국의 주택에는 화장실이 대개 층간이나 2층에 있었기 때문이다. 이 표현은 《엄지손가락의 아픔》에서도 찾아볼 수 있다.[24]

그런데 상류계급의 표지는 하루아침에 습득할 수 있는 것이 아니었다. 아주 오랜 시간에 걸쳐 몸에 배어야만 발휘되는 것으로, 말하자면 '스프레차투라(sprezzatura, 자연스러움)'가 필수적인 덕목이었다. 몸에 밴 귀족스러움 혹은 우아함이란 갑자기 신분 상승을 하게 된

이들에게는 아주 커다란 장벽으로 작용할 수밖에 없었다. 그런 냉혹한 현실을 잘 보여주는 예가 《끝없는 밤》이다. 미국의 부유한 상속녀 엘리와 결혼하게 된 '뒷골목 출신' 마이크 로저스는 그런 계급적인 장벽을 극복하는 일이 너무나도 버겁다.

마이크는 절망스럽다. 자신은 옷도 제대로 입을 줄 모르고 적절한 대화법도 모르며, 그림이나 예술, 음악 따위에 대해서도 전혀 아는 게 없다고 씁쓸하게 말한다. "내가 아는 것이라고는 누구한테 팁을 얼마만큼 주어야 하는지 정도야."[25] 마이크가 정확한 팁의 액수를 아는 것은 그전까지 자신이 팁을 받는 일을 해왔기 때문이다. 그런데 마이크의 한탄에서 알 수 있는 것은 옷차림, 말투 외에 이른바 '교양'이라고 불리는 분야의 학습이 필요했다는 사실이다. 실제로 영국에서 사회계급을 드러내는 지표는 부유함이나 직업보다도 문화자산인 경우가 많다.[26]

영국은 아직도 'U and Non-U(Upper class and Non-Upper class, 상류층과 비상류층)'을 구별하는 '분명한 분별 기준'이 있는 나라다. 냅킨(napkin)은 상류층의 용어이고, 중하류층은 냅킨을 서비엣(serviette)이라고 부른다. 중하류층은 후식을 디저트나 스위트라고 부르지만, 상류층은 푸딩이라고 부르기를 고집한다. 중상류층이 2~3인용 안락의자를 소파(sofa)라고 부르는 데 비해 그 아래 계층은 세티(settee) 혹은 카우치(couch)라고 부른다.[27]

영국인들은 심지어 반려견에게서도 계급적 지표를 찾는다. 상류층은 래브라도, 킹 찰스 스패니얼, 골든 리트리버를 선호하고, 하류층은 로트바일러, 알세이션, 푸들, 치와와 등을 선호한다는 것이다.[28]

인간들이 만들어낸 계급제도와는 아무 상관없는 치와와나 푸들은 졸지에 하층민의 개로 낙인찍혀버렸다. 영국은 세계 역사상 의회민주주의를 가장 먼저 이뤄낸 나라다. 그런 나라에서 오늘날에도 반려견에게조차 계급성을 부여하는 현상을 어떻게 해석해야 할지.

"지금도 시골 어느 마을에나

마녀가 있어"

11

미신

회색 뇌세포를 들먹이며 논리적 추론을 강조하는 푸아로 덕에 애거서의 작품은 마치 과학적인 방식에 기댄 '근대적' 추리소설인 것처럼 보인다. 하지만 그 속에는 초자연적인 현상이나 비과학적인 내용이 깜짝 놀랄 만큼 많이 포함되어 있다. 그런 것을 '미신'이라고 뭉뚱그려 부르자면 애거서 소설 속 미신은 크게 마녀, 관상, 심령술 세 가지로 분류해볼 수 있다. 과학혁명과 계몽주의를 거쳤고, 이성을 앞세운 근대성이 완성되었다고 여겨진 시대, 도대체 왜 그렇게 미신적인 내용이 많단 말인가.

《위치우드 살인사건》의 배경은 '위치우드 언더 애쉬(Wychwood under Ashe)'라는 마을이다. 이름이 암시해주듯이 마녀 전설로 유명한 곳으로, 마녀의 연회(witches' Sabbath)가 열렸던 마지막 장소 중 하나이자 19세기까지도 마녀가 화형을 당한 곳이었다. 그런 연유로 화자인 루크 피츠윌리엄은 마녀술을 연구하는 토속신앙 연구가로 위장해서 마을 공동체에 침투할 수 있었다.[1] 위치우드 언더 애쉬의 마녀는 전설이지만 어떤 이들에게 마녀는 현재진행형인 존재다. 그중《창백한 말》이 단연 눈에 띈다.

《창백한 말》은 수준 높은 젊은이들의 대화를 많이 싣고 있다는 면에서 아주 특이한 작품이다. 거기서 마녀를 두고 의견이 엇갈리는 대목이 있다. 허미아 레드클리프가 마녀 같은 미신은 교육이 보급되면서 모두 사라진 게 아니냐고 묻자 오히려 '더 배운 사람'인 옥스퍼드 출신 데이비드가 "지금도 시골 어느 마을에나 마녀가 있어"라고 대꾸한다.[2]

그건 신비롭거나 비밀스러운 게 아니라
그저 물려받은 가족의 자산 같은 거예요.

그렇다. 마녀는 사라진 듯하면서도 결코 완전히 사라지지 않은 존재였다. 최소한 그리스-로마 시대에 그 원형이 나타난 마녀는 기독교가 유럽을 장악한 후에도 사라지지 않았다. 《움직이는 손가락》을 보면 그 과정을 함축해주는 대화가 나온다. 데인 캘스롭 목사는 초기 기독교 시절에 지역 미신들이 슬기롭게 기독교 교리에 융합되어 사악한 면면들이 점차 제거되었다고 말한다.[3] 그런데 실제로는 교회가 '백마술'의 상당 부분을 교회 안으로 끌어들였다. 교회는 '성서점'을 비롯해 여러 가지 '마술'을 관행적으로 사용했다.[4]

이처럼 교회가 마술을 포섭해서 '합법화'해가는 동안 마녀의 마술은 '흑마술'로 격하되었다. 15세기가 되자 사회적 혼란 속에서 교회의 권위가 흔들리게 되었고 위기감을 느낀 가톨릭 세력은 마녀를 대표적인 반사회적인 집단으로 규정하기에 이른다. 본격적인 마녀사냥이 시작된 것이다. 이때 가톨릭교회는 마녀를 식별하는 방법 등을 실은 매뉴얼인 《마녀의 망치》를 전 유럽에 배포했다. 그 책이야말로 한밤중에 숲속의 빈터에서 열리는 '악마의 연회' 같은 이미지들을 만들어낸 주범이다. 위치우드 언더 애쉬에서 악마의 연회가 열렸다는 이야기는 이런 긴 역사를 품고 있다.[5]

마녀는 보통 사람들이 가지지 못한 특별한 지식을 통해 일상사의 궂은일을 해결해주는 존재였다. 전쟁터에 나가서 돌아오지 않는 가족의 생사를 점쳐주고, 너무나 미운 사람을 해코지할 방법을 알려주며, 짝사랑의 상대가 자기를 사랑하게 만드는 '미약'을 주기도 했다. 원치 않은 임신으로 배가 불러올 때 그것을 중단시킬 비밀스러운 약초를 주는 것도 마녀의 중요한 역할이었다. 《움직이는 손가락》에는 그런 습속을 넌지시 암시하는 장면이 있다. 동네에서 마녀로 불리는 클리트 부인은 보름달이 뜨는 밤이면 약초를 뜯으러 나가는데 일부러 동네 사람들 모두가 그 사실을 알게 한다는 것이다. 마플은 은근슬쩍 "그리고 아마도 어리석은 처녀들은 그녀를 찾아가서 도움을 받으려 할 테지요?"라고 내뱉고야 만다.[6]

이처럼 마을 사람들에게 마녀란 전통적으로 존재해온 일종의 도우미 시스템이었다. 《창백한 말》에서 캘스롭 목사의 부인 데인은 마녀를 믿느냐는 질문에 "물론이죠! 그건 신비스럽거나 비밀스러운 게 아니에요. 그건 그저 물려받은 가족의 자산 같은 거예요"라고 대답한다.[7] 20세기 영국인들 중에도 마녀를 공동체의 한 구성요소로 자연스럽게 받아들이던 사람들이 있었다는 얘기다. 수백 년 동안 끔찍한 마녀사냥을 통해 완전히 제거했다고 생각되는 마녀 혹은 마녀에 대한 믿음이 일상 속에서 사라지지 않고 존속해온 것이다.

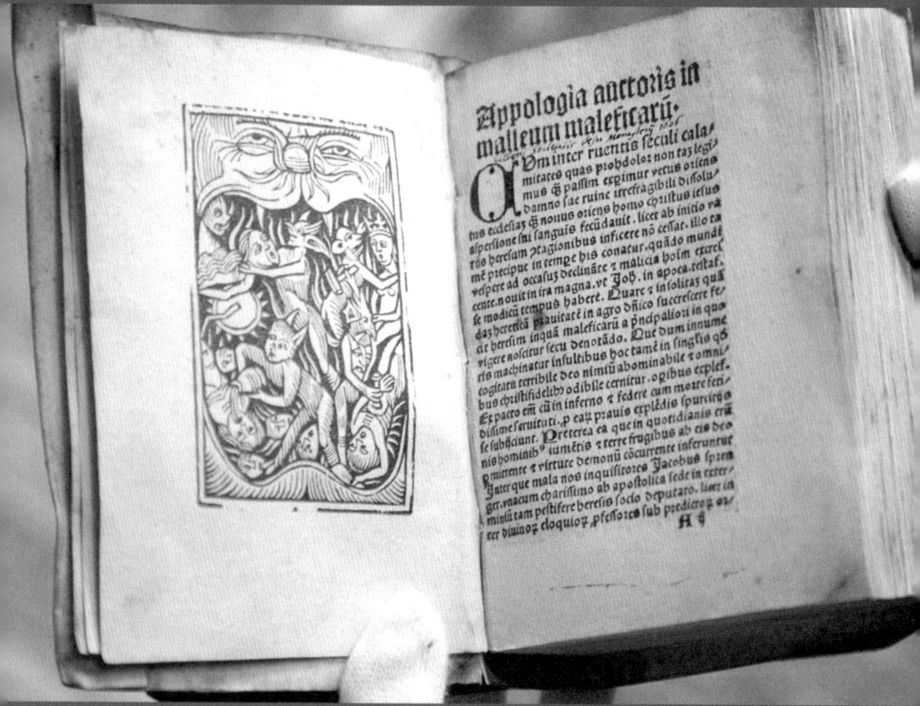

《마녀의 망치》(독일어, 1488년 판)

라틴어로 된 정식 제목은《마녀의 이단 행위를 양날검처럼 박멸하는 망치》이다. 1486년 가톨릭 성직자 하인리히 크래머(Heinrich Kramer, 1430~1505)가 썼고 교황 인노첸시오 8세가 인증한 마녀사냥 교본으로, 마녀색출법과 고문법 등을 다루고 있다. 세간에 알려진 마녀 괴담은 이 책에서 비롯되었다. (출처: hna.de)

마녀술에 비교해볼 때 관상은 그렇게 심하게 박해받지 않았다. 오히려 버젓이 학문의 한 영역으로 자리를 차지해왔다. 놀랍게도 관상은 문명의 발생과 더불어 생겨났다고 알려진다. 이집트, 인디아, 중국 등 고대 문명권 대부분에서 관상과 관련된 석판이나 우화 들이 많이 발견되기 때문이다. 그리스-로마 시대에 관상은 아리스토텔레스가 썼다는 《관상학》의 권위를 업고 학문으로 대접받았다. 관상은 천문학과 점성술, 때로는 의학과 결합하곤 했으며, 지배계층은 충성스러운 신하와 배신자를 구별하기 위해 중요한 자리에 관상가를 대동했다. 이후 관상은 얼굴뿐만 아니라 손금, 점, 몸짓이나 손짓, 심지어 그림자를 보는 등 다양한 형태로 분화되면서 발전하기도 했다.[8]

그중 하나가 두개골의 형태를 보는 골상학(骨相學, Phrenology)이다. 오스트리아 빈의 저명한 의사 프란츠 요제프 갈(Franz Joseph Gall, 1758~1828)은 뇌와 성격이 직접 관계된다는 개념에 근거해 골상학을 제창했다. 골상학은 유럽뿐만 아니라 미국에서도 선풍을 일으켜서 이력서에 '골상학 차트'를 첨부할 것을 요구하는 기관도 많았다. 19세기 초중반에는 스코틀랜드의 변호사던 조지 쿰(George Combe, 1788~1858)이 골상학자로 명성을 떨쳤는데, 그는 빅토리아 여왕의 초대로 황태자 앨버트(훗날의 에드워드 7세)의 두개골을 측정하기도 했다. 말썽꾸러기 장남 때문에 골치가 아팠던 여왕은 쿰의 보고서를 받아들고 참담함을 금할 수 없었다. 거기에는 '머리가 나쁘고, 분노

를 억제하는 능력이 결여되어 있으며, 완고하고 일종의 광기가 있다'라고 쓰여 있었기 때문이다.[9]

애거서는 관상에 대해 맹신에 가까운 신념이 있었던 것으로 알려진다. 그래서인지 그녀의 작품에는 관상에 대한 묘사가 넘쳐난다. 《침니스의 비밀》을 보면 모르는 사람에 대해 "살집이 많은 노란 얼굴에 검은 눈은 마치 코브라의 눈처럼 의중을 파악할 수 없다. 커다란 코는 완만하게 휘었고 사각진 넓은 턱에는 권력이 들어있다"라고 묘사한 부분이 있다.[10] 그 사람은 재계의 거물 허먼 아이작슈타인으로 드러난다. 그런 관상을 가질 만한 인물인 셈이다.

그런 애거서는 자신이 가진 관상에 대한 믿음을 온전히 푸아로에게 투영했다. 《장례식을 마치고》에서 작가는 푸아로를 일생의 많은 경험을 통해 '사람들의 관상을 보는 데 일가견이 있는 사람이었다'라고 표현한다.[11] 물론 푸아로와 관상에 관해 가장 유명한 일화는 《오리엔트 특급 살인》의 한 장면일 것이다. 자신을 보호해달라는 라쳇의 요청에 푸아로는 이렇게 대답한다. "미안합니다만 …… 나는 당신 얼굴이 마음에 들지 않습니다."[12] 여기서 작가는 푸아로가 라쳇의 얼굴을 왜 싫어했는지 그 이유를 구체적으로 밝히지 않는다.

하지만 애거서는 다른 작품에서 관상에 대한 자기 나름의 기준을 드러내면서 독자들에게 공감을 불러일으키는 전략을 취한다. 내가 꼽는 최고의 사례는 《창백한 말》에 잠깐 등장하는 터커튼 부인에 대한 묘사다. 그녀는 특별한 구석이 없는, 중년을 바라보는 여자다. 립스틱을 넓게 펴서 발랐음에도 불구하고 여전히 입술이 얇아서 성격이 나빠 보인다. 턱은 약간 들어갔고 옅은 푸른색 눈은 그녀가 모든 것을 금전적으로 평가할 것 같다는 인상을 준다. 한 마디로 "짐꾼이나 휴대품 보관소 직원에게 팁을 짜게 주는 부류의 여자"이다.[13] 이 얼마나 가슴에 확 와닿는 묘사인가.

작품에서 애거서는 관상을 등장인물의 캐릭터를 설정하는 데 아주 효과적인 도구로 사용하곤 했다. 《버트램 호텔》에 나오는 베스 세지윅은 "머리와 얼굴의 골상은 우아하고 고상하며, 코는 약간 굽었으며 움푹 들어간 눈은 짙은 잿빛이다. 입은 타고난 코미디언의 입처럼 큼지막했다"라고 묘사된다. 그녀를 "미인이라기보다는 인상적인 여성으로 …… 쳐다볼 만한 가치가 있다"라고 그려내는 것은 소설에서 그녀가 차지할 역할을 미리 암시하는 것이나 마찬가지다.[14]

좀 더 노골적인 묘사도 있다. 바로 《갈색 옷을 입은 사나이》에서다. 유스터스 페들러 경은 비서인 가이 파젯을 몹시 못마땅해한다. 하지만 그의 얼굴이 살인자처럼 생겨서 보는 즐거움을 주기 때문에 해고하지 못한다. 더 구체적으로 페들러 경은 파젯이 '독살로 유명한 이탈리아 보르지아(Borgias) 가문 사람처럼 보인다'고 생각한다.[15] 그런데 이 대목은 파제트보다 오히려 살인자 타입을 바라보며 즐거워하는 페들러에 대해 더 많은 것을 말해준다.

애거서가 관상에 관심이 많았던 것은 어찌 보면 추리작가로서 자연스러운 일이었다. 관상학의 영향을 가장 많이 받았던 분야가 바로 범죄학이었기 때문이다. 이미 16세기에 '최초의 범죄학자'라고 불리는 잠바티스타 델라 포르타(Giambattista della Porta, 1535~1615)가 범죄자의 신체적 특성과 범죄유형 사이에 분명한 관계가 있다고 주장했고, 18세기에는 걸출한 관상학자 요한 카스파 라바터(Johann Caspar Lavater,

1741~1801)가 범죄 관상학을 고안해냈다. 법의학의 선구자로 유명한 이탈리아의 범죄학자 체사레 롬브로소(Cesare Lombroso, 1836~1909)는 《범죄자론(The Criminal Man)》을 통해 두개골·귀·얼굴 뼈·이마·입술·치아의 모양, 머리카락 색 등이 범죄성을 특징지을 수 있는 신체적 특성이라고 주장했다.[16]

관상을 가장 사악하게 이용한 집단은 독일의 나치였다. 1930년대 독일 과학계에서는 인종별 분류를 위해 관상, 골상과 수상 및 눈(안구의 홍채)을 집중적으로 연구하는 인종적 분류체계를 고안해냈다. 나치는 이를 토대로 '열등한 종족'인 유대인을 색출했다.[17] 이처럼 관상은 20세기 전반기까지 범죄학이며 우생학, 인류학 등 다양한 학문에서 활용되고 있었기에 오늘날의 기준을 적용해 선뜻 '미신'이라고 부르기에는 다소 애매한 지점이 있다.

푸아로 씨, 저는 영혼의 인도로 당신에게 왔어요.

그렇다면 심령술은 어떨까. 심령술은 영혼의 존재를 긍정하며 현세의 인간이 망자와 교신하고자 하는 여러 방법을 통칭하는 말이다. 관상과 마찬가지로 심령술도 한때는 최고의 학자들이 주축이 되어 탐구했던 분야다. 1882년 케임브리지 대학의 저명한 학자들이 런던에서 심령협회(The Society for Psychical Research)를 발족했을 정도니 말이다.

하지만 애거서가 심령술에 접근하는 방식은 약간 다르다. 심령술을 다룬 단편에서는 초자연적인 현상을 굳이 해명하지 않은 채로 넘어가곤 하지만 장편에서는 심령술을 놀이 혹은 독자를 혼란하게 하려는 장치로 격하시킨다. 특히 플랑셰트(planchette, 점치는 판)나 테이블 터닝(Table-turning)은 그저 심심풀이 놀이의 하나일 뿐이다.《헤이즐무어 살인사건》에서 테이블 터닝에 대해 "비 오는 날 오후에나 하는 것"이라고 정의하는 것처럼 말이다.[18]《창백한 말》은 심령술을 가장 적극적으로 활용한 작품인데, 거기서도 심령술은 핵심이 아니라 거대한 사기극을 위한 무대장치였음이 드러난다.

게다가 애거서는 심령술에 빠진 사람들을 사회적으로 세련되지 못한, 약간은 우스꽝스러운 캐릭터로 그려내곤 했다.《파도를 타고》에서 푸아로를 찾아온 캐서린 클로드 부인을 보자. 그녀는 이상한 가짜 이집트 구슬 목걸이를 짤랑거리며 "푸아로 씨, 저는 영혼의 인도로 당신에게 왔어요"라고 너스레를 떠는 부잡스러운 인물이다. 그녀는 푸아로에게 영계(靈界)의 존재를 믿으라고 설득하면서 흑마술이 성행하는 신비스러운 나라들을 읊어댄다. 중앙아프리카가 부두교와 좀비의 고향이라고 말하자 푸아로는 "좀비는 서인도제도에 있죠"라면서 말을 잘라버린다.[19] 그런 푸아로의 주변에 심령술 광신도들이 끊이지 않고 등장하는 것은 당시 심령술이 그만큼 인기가 있었기 때문일 것이다.

실제로 심령술은 제1차 세계대전 직후 엄청난 인기를 끌었다. 전쟁 중에 수많은 사람이 죽었고, 더 많은 사람이 사랑하는 이들의 마지막 순간을 제대로 알 수 없었다. 그것은 사회 전반에 이전에 경험하지 못했던 심각한 트라우마를 불러일으켰다. 그런 상황에서 이미 '다른 세상'에 속해버렸지만, 망자와 어떤 식으로든 교신할 수 있다는 믿음은 슬픔에 빠진 사람들에게 크게 어필하는 바가 있었다. 빅토리아 스튜어트(Victoria Stewart)의 주장에 따르면 망자의 말을 들을 수 있다는 심령술의 대전제는 갑자기 닥친 커다란 상실을 조금이나마 만회할 수 있는 "망자를 대신할 일종의 대체재"였다.[20]

공교롭게도 그 시대는 영국에서 애거서가 주도하던 '추리소설의 황금기'와 겹친다. 그런 연유로 애거서의 작품에 심령술이 자주 등장하는 일은 어쩌면 자연스러운 현상이었다. 그래서인지 1920년대 애거서의 작품에서는 특히 심령술을 포함한 초자연적인 모티브가 훨씬 노골적으로 나타난다. 〈죽음의 사냥개〉, 〈집시〉, 〈유언장의 행방〉, 〈등불〉, 〈마지막 심령술 모임〉, 〈아서 카마이클 경의 기묘한 사건〉 등의 단편이 대표적이다.

실제로 애거서는 심령술에 관심이 많았던 것으로 알려진다. 아마 어머니에게서 영향을 받았을 것이다. 애거서의 어머니는 다른 사람들이 무엇을 생각하는지를 갑자기 알아내는 능력이 있었고, 심령술에 심취했는가 하면 조로아스터교를 비롯해 온갖 종교를 두루 섭렵한 '영적 기운이 강한' 사람이었다.[21] 그런데 더 중요한 것은 애거서가 추리소설 작가라는 사실이다. 추리소설은 당시의 심령술과 밀접한 관계가 있었기 때문이다.

탐정이나 심령술사 모두 진실을 밝히기 위해
'죽은 사람이 말하도록 부추기는' 존재다.

크리스 윌리스(Chris Willis)는 이 시대 추리소설이 과학적 설명과 논리성을 전제한 것처럼 보이지만 실제로는 오히려 심령술과 매우 밀접한 관계를 맺고 있었다고 주장한다. 추리소설과 심령술이 모두 19세기 중반에 태동했고, 둘 다 미스터리를 풀고자 하는 목적성을 띤다는 사실에서 강한 공통점이 있다는 것이다. 윌리스는 또한 탐정이나 심령술사 모두가 진실을 밝히기 위해 '죽은 사람이 말하도록 부추기는' 존재라고 주장했다.[22] 비록 추리물에서는 망자가 실제로 돌아와 말할 수는 없지만, 탐정이 그를 대신하곤 한다. 탐정은 망자가 남겨둔 실마리를 추적하고 궁극적으로 사건을 해결하며 위로를 전하는 존재다.

이런 맥락에서 보자면 아서 코넌 도일이 말년에 심령술에 심취하게 된 일이 조금은 이해가 간다. 코넌 도일은 젊은 시절에 심령술을 '지구상에서 최고로 허무맹랑한 것'이라면서 깎아내린 바 있다.[23] 그런데 1880년대 중반부터 점차 심령술에 마음이 기울기 시작했다. 친구들과 함께 참석했던 강령술 모임에서 기이한 현상들을 목격했는데, 마치 심령술이 '해결해야 할 문제'를 던져주는 것 같은 느낌을 받았다고 한다. 도일은 곧 심령협회에 가입했는가 하면 혼자서 심령학을 공부하기 시작했다. 그래서인지 1890년대와 1900년대 작품에 그 영향이 스며있다.[24]

그런데 코넌 도일은 어느 순간 심령술에 완전히 빠져버리게 된다. 제1차 세계대전으로 애지중지하던 큰아들 킹슬리와 동생 이네스를 잃으면서였다. 절망감에 허덕이던 코넌 도일은 1920년대 심령술이 부활하는 것을 지켜보면서 망자와 소통할 방법을 찾았다고 확신했다.[25] 이후 그는 미국을 비롯해 해외 곳곳으로 심령학 강연을 다니는데 몰두했다. 독자들과 출판사의 성화에 이미 죽였던 셜록 홈스를 되살려내기는 했다. 하지만 과거의 영광을 되찾기는 어려웠고, '지극히 합리적인 셜록 홈스'를 내세워 벌어들인 돈을 몽땅 심령학 설파에 써버렸다. 1930년 코넌 도일은 심령협회가 심령현상을 증명하는 데 지나치게 엄격한 증거를 요구한다는 데 불만을 품고 협회에서 탈퇴했으며, 협심증으로 거동이 힘든데도 심령술 강연을 다니다가 결국 쓰러져 심장마비로 사망했다.

1926년 12월 애거서가 실종되었을 때 코넌 도일은 애거서의 장갑을 구해다 유명한 영매에게 갖다주면서 그녀의 행방을 물었다. 하지만 안타깝게도 답변을 들을 수 없었다.[26] 애거서는 심령술에 관심이 많았지만, 결코 코넌 도일처럼 심령술에 빠지지는 않았다. 물론 한 시대가 지나간 탓도 있을 것이다. 심령술 열풍은 1930년대가 되면서 수그러들었고, 제2차 세계대전 후에는 제1차 세계대전 때와 같은 심령술 부흥이 일어나지 않았다. 이미 한 차례의 세계대전을 겪은 사람들이 죽음은 가까이 있는 것, 언제나 일어날 수 있는 일이라는 학습효과를 장착하게 된 탓이다.[27]

“현미경으로 들여다본 웅덩이 속의 물 한 방울”

15

미시사

마플에게는 유명한 소설가인 조카 레이먼드 웨스트가 있다. 세인트 메리 미드 마을 목사관에서 살인사건이 일어났을 때 그는 거만한 어조로 "저는 세인트 메리 미드를 괴어 있는 물웅덩이라고 생각합니다"라고 말했다. 그러자 마플은 이렇게 응수했다. "현미경으로 들여다보면 그 웅덩이 속의 물 한 방울만큼 생명으로 가득 차 있는 것도 없단다."[1] 이 문장만큼 미시사(microhistory)를 잘 설명해주는 말은 없다.

대학에서 역사학을 가르쳐오면서 나는 학생들이 미시사를 아주 좋아한다는 사실을 알게 되었다. 일반적인 역사학, 즉 거시사와는 전혀 다른 시각을 보여주고, 교과서에서 들을 수 없는 새로운 이야기를 접할 수 있기 때문이다. 하지만 아무리 잘 설명해도 미시사의 방법론을 잘 이해시키기가 어렵다는 현실도 깨닫게 되었다. 특히 미시사는 그 이름 탓인지 많은 오해를 낳았는데, 시간과 노력을 들여봤지만, 그 오해가 도통 바로잡히지 않는다.

가장 흔한 오해는 사소하거나 작은 주제의 역사(예를 들자면 '연필의 역사')를 미시사로 혼동하는 일이다. 연필의 역사도 어떻게 기술하느냐에 따라 거시사와 미시사로 나뉠 수 있다. 또한 미시사를 종종 일상생활사와 헷갈려 하는데, 어떤 학자들은 그 둘이 같다고 우기기까지 한다. 하지만 일상생활사 대부분은 과거 사람들의 일상을 평균적으로 서술하여 일종의 '전형'을 제시하기 때문에 거시사에 가깝다.[2] 나는 이 기회에 저 통찰력 있는 마플의 대사를 토대로 미시사를 쉽게 풀어보려 한다.

인간의 본성은 어디나 다 비슷해. 하지만 도시에서는
그걸 자세하게 관찰하기가 좀 더 어려울 뿐이야.

미시사는 1970년대 서구 곳곳에서 '거시사'에 대항하여 나타나기 시작한 연구방법론이다. 거시사는 서구의 '근대'가 만든 역사서술로, 대개 국가를 중심으로 한 역사다. 그렇기에 국가 권력의 중심축이던 정치와 경제를 그 핵심에 놓는다. 그런데 일군의 학자들이 기존 권력이 억압했던 주변적 요소들에 관심을 기울일 것을 촉구하고 나섰다. 즉 지배층이 아닌 이름 없는 사람들의 삶을 복원하고자 한 것이다. 거시사가 국민 일반의 공통점을 주목했다면 미시사는 인간 개개인의 다양한 행위, 동기, 전략 등을 찾아보려 했다. 미시사가들은 그런 작업이 '탐정이 실마리를 찾는 것'과 흡사하다고 주장했다.[3] 그래서일까. 애거서의 추리소설에는 미시사를 설명할 수 있는 단초들로 가득하다.

미시사가들은 줌인(zoom-in) 기법을 동원해 역사를 본다. 현미경으로 보듯이 작은 규모 안에서 그 속을 꼼꼼하게 살피는 것이다. 거시사가 높은 곳 혹은 먼 곳에서 넓은 공간을 죽 훑어본다면 미시사는 대상을 눈앞으로 당겨 확대해 관찰하는 것이다. 마플은 친구에게 "인간의 본성은 어디나 다 비슷해. 하지만 도시에서는 그걸 자세하게 관찰하기가 좀 더 어려울 뿐이야"[4]라고 말한 적이 있다. 이 대사는 미시사의 핵심이 바로 고찰의 범위에 놓여있다는 사실을 정확하게 짚어내고 있다. 애거서의 작품은 대부분 작은 마을 혹은 대저택과 같이 작은 규모의 공간을 다루기에 미시사를 설명하기에 제격이다.

게다가 애거서의 소설은 그 작은 공간에 '직접 들어가서' 그 안을 꼼꼼하게 살피는 모습을 재현하곤 한다. 그 때문에 일반적인 거시사에서는 절대 접할 수 없는 디테일이 드러난다. 《0시를 향하여》의 한 장면을 보자. 배틀 총경은 학교로부터 막내딸이 절도를 저질렀다는 편지를 받고 엠프리 교장을 찾아간다.

> 엠프리 양의 방은 모든 것이 차가운 오트밀 색이었고 수선화가 꽂힌 커다란 단지와 튤립과 히아신스를 담은 꽃병들이 있었다. 벽에는 고대 그리스 조각의 훌륭한 모조품 한두 점, 현대조각품이 두 점, 고대 이탈리아 작품 두 점이 있었다. 엠프리 양은 짙은 푸른색이 감도는 옷을 입고, 충실한 그레이하운드 개를 연상시키는 진지한 표정을 짓고 있었다.[5]

단순히 방을 묘사하는 듯하지만 이 대목은 사실 그곳의 주인에 대해 많은 것을 이야기해준다. 매우 냉정한 성격의 소유자이지만 동시에 여성적인 감수성을 갖고 있다는 점, 그리고 이탈리아를 여행하는 그랜드 투어(Grand Tour)를 다녀왔거나 최소한 고전에 해박하고 예술에 조예가 깊다는 점 등 말이다. 배틀 총경은 그 방이 그녀의 '중용'에 대한 감각을 잘 대변해주듯이 꾸며져 있었다고 생각한다.

마플은 파티에 참석하지 않았지만
항상 그렇듯이 그 사건에 대해 '모든 것을 알고' 있었다.

보통 거시사가 '조선시대 농민은 일반적으로'와 같은 식으로 전개된다면, 미시사는 반드시 '옥천에 살던 농민 삼복이'처럼 실명을 추적한다. 거기서 한 발 나아가 삼복이와 주변 사람들이 어떻게 연결되어 있었는지 그 관계망을 복원한다. 애거서의 소설에서 우리는 실명으로 등장하는 인물들이 서로 어떤 관계를 맺고 있는지를 분명하게 알 수 있다. 《깨어진 거울》의 한 대목은 아주 좋은 예다. 여배우 마리나 그레그의 집에서 열린 자선 파티에서 헤더 베드콕이 죽는 사건이 일어난다. 마플은 그 파티에 참석하지 않고 집에 있었는데 항상 그렇듯이 그 사건에 대해 '모든 것을 알고' 있었다.

마플의 집에 매일 오는 가사도우미 체리 베이커가 그 소식을 갖고 왔는데 어차피 그 소식은 정육점 주인을 통해 마플의 하녀 나이트 양에게도 전해질 참이었다. 향후 검시배심(檢屍陪審)과 부검이 있을 텐데, 샌드퍼드 의사가 경찰서에 전화를 걸었다는 것으로 보아 뭔가 큰일이 있는 것 같다고 밴트리 부인이 말한다. 그걸 어떻게 아느냐고 마플이 묻자 밴트리 부인은 브릭스 영감을 지목한다. 브릭스 영감은 샌드퍼드 의사 집의 정원 일을 봐주고 있는데 마침 서재 가까운 곳에서 나뭇가지를 정리하다가 우연히 의사가 통화하는 것을 듣게 되었단다. 영감이 딸에게 얘기해주자 그 딸은 우체부에게 말했고, 우체부를 통해 자신에게까지 그 얘기가 들어왔다는 것이다.[6] 이 작은 마을에서 소문이 퍼지는 데 이렇게 많은 이들이 연결되어 있다니!

미시사의 또 다른 특징은 일반적인 역사서술에서 소외되었던 사람들의 삶을 주목한다는 것이다. 애거서의 작품세계에서 소외계층이라면 주로 하인들일 것이다. 애거서는 다른 어느 추리작가보다 하인에 대해 많이 다루었다. 그런데 하인 말고도 탁월하게 묘사해낸 소외집단이 있다. 바로 노인이다. 애거서만큼 노인을 많이 등장시키면서 그들의 심리를 예리하게 파헤친 작가는 많지 않다. 특히 애거서는 나이든 여성들에 대한 새로운 접근방식을 제시했다. 그들은 '비틀거리는 늙은 고양이들(fluffy old pussies)'이라 불리며 멸시를 받는 사람들이다.[7] 하지만 신체적으로는 늙고 병들고 쇠약할지라도 이들은 절대 무기력하지 않다. 오히려 권력의 맛을 알고, 그것을 휘두르는 방식 또한 노회하다.《죽음과의 약속》에 나오는 보인튼 부인은 그 대표적인 예다.[8]

애거서는 노인들이 끊임없이 자극을 갈망한다는 사실에 주목한다.《운명의 문》을 보면 노인들이란 어떤 손님이라도 찾아오면 매우 반가워하는 사람들이라는 대목이 있다. 지루함을 깨뜨릴 수만 있다면 무엇이든 좋아한다는 이유에서다.[9]《벙어리 목격자》의 아룬델 양은 또 어떠한가. 그녀는 끊임없이 컴패니언을 갈아치웠다. 새로 컴패니언이 오면 그녀가 살아온 과거에 흥미를 느낀다. 하지만 막상 그네들의 인생을 속속들이 알게 되면 곧 싫증을 낸다. 푸아로는 "나이

지긋한 숙녀들은 새로운 것을 갈망하지요"라고 말한다.[10] 애거서는 《자서전》에 이런 말을 남겼다.

> 수많은 노인이 누군가 자기에게 독약을 주었다거나 자기 물건을 훔쳤다고 착각하는 것은 삶에서 추방되었다는 느낌 때문이다. 정신적 능력이 약해져서라고 생각하지 않는다. 단지 그들에게는 일종의 자극과 흥분이 필요할 뿐이다. 만약 누군가 당신을 독살하려 한다면 삶은 훨씬 더 흥미로워진다.[11]

죽음의 위기에 처한 순간에 정작 나에게 제일 큰
고민은 새끼발가락에 생긴 티눈이었소.

어디 그뿐이랴. 미시사는 거시사가 상정하는 집단적 경험과 일치하지 않는 개인의 삶을 포착해낸다.[12] 이것은 미시사가 지닌 아주 중요한 매력이자 특징이다. 그래서 대공황, 전쟁, 인권운동, 과학적 발견 등 보통 역사에서 다루는 굵직한 사건들이 개인에게는 무의미하거나 그 의미가 다를 수 있다. 그런 사례 가운데 백미는 《죽은 자의 어리석음》에 나오는 대화다. 동네 주민 앨릭 레그는 이상주의자다. 그는 푸아로를 붙잡고 인류가 위기에 처한 이런 시대에 개인적인 일에 구애받는 것은 불합리하다고 열변을 토한다. 푸아로는 즉각 그의 사고가 잘못되었다고 반박하면서 자신이 직접 경험한 이야기를 들려준다. 전쟁 중에 맹렬한 공습으로 죽음의 위기에 처한 순간에 정작 자기에게 제일 큰 고민은 새끼발가락에 생긴 티눈이었다고 말이다. 푸아로는 교통사고로 발목이 부러진 어떤 부인이 스타킹이 찢어졌다며 그 걱정만 하더라는 이야기도 덧붙였다.[13]

그런데 이 세상에 불일치가 어디 그뿐이랴. 미시사를 연구하는 학자들은 아무리 세상이 격동한다 할지라도 작은 공동체는 나름의 전통적인 질서를 유지하려는 끈질긴 속성이 있다고 주장한다. 이 주장에 딱 맞는 예로 마플이 사는 마을의 '인치 씨'를 들고 싶다. 마플은 멀리 외출할 때면 "인치를 불러줘"라고 말하곤 한다.[14] 다소 수수께끼 같은 말이지만 그 동네에서는 모두에게 통하는 말이다.

오래전 세인트 메리 미드 마을에서 인치 씨는 마차 두 대를 가지고 동네 기차역에서 사람을 실어 나르는 일을 했다. 그 후 아들인 '젊은 인치'가 사업을 물려받았고 마차 대신 자동차 영업이 시작되었다. 하지만 젊은 인치는 기계에 조예가 깊지 않아서 사업은 곧 바드웰이라는 남자에게로 넘어갔다. 얼마 후 바드웰은 그 택시업을 로버츠 씨에게 팔아넘겼고 그 뒤에도 핍스 자동차, 제임스 택시, 아서 렌트카 등의 이름으로 바뀌었다. 그러나 여전히 마을 사람들은 인치라 부르길 고수한다.[15] 마플은 "나에게 그는 인치이고, 앞으로도 계속 그럴 거야"라고 말한다.[16]

또 있다. 미시사는 한 사람에게서 여러 개의 정체성을 인정한다. 거시사가 '영웅 ××' 혹은 '희대의 학살자 ××'처럼 한 인물에게 하나의 대표적인 정체성을 부여하는 것과 달리 미시사는 상황에 따라 정체성이 달라진다고 보는 것이다. 이것을 '유동적 정체성' 혹은 '관계를 열어두는 행위'라고 말한다.[17] 애거서의 작품에는 전혀 뜻밖의 사람이 범인으로 밝혀지는 경우가 많은데 그런 특성 때문에 한 사람에게 내재한 여러 개의 정체성을 관찰하는 데 매우 유용한 텍스트다. 제일 먼저 떠오르는 사람은《그리고 아무도 없었다》의 워그레이브 판사다. 평생 정의를 추구해온 판사는 그동안 직업으로 인해 엄격하게 통제되었던 욕망을 더는 통제할 수 없게 된다. 그의 인격 속에는 범죄자를 처단하는 인격과 직접 범죄를 저지르는 정반대의 인격이 공존하고 있었다.[18]

> 그중 어떤 것들은 …… 옥스퍼드 출신의 똑똑한 젊은이들조차
> 들어보지 못했을 만한 것들이었다.

마지막으로, 미시사는 이야기체의 역사를 지향한다.[19] 어떤 사건이든 자세히 들여다보면 행위자, 목격자, 기록자의 증언과 해석이 여러 가지로 나타나곤 한다. 이처럼 같은 사건을 두고 다양한 목소리가 터져 나오는 것을 다성성(多聲性)이라고 부른다. 그런 이야기들은 때때로 이질적이고 상충하며, 이야기가 섞이면서 심지어 진화하기도 한다. 미시사가들은 이런 복잡한 이야기들을 단순화하지 않고 가능한 한 그대로 적으려 한다. 그러려면 이야기체로 쓰는 방법이 최선이다. 다성성을 잘 보여주는 애거서의 작품으로《갈색 옷을 입은 사나이》와《회상 속의 살인》을 꼽을 수 있다.

먼저《갈색 옷을 입은 사나이》를 보자. 이 소설은 주 화자인 앤 베딩펠드의 시각에서 이야기를 풀어가다가 중간중간 유스터스 페들러 경의 일기에서 발췌했다는 절(節)들을 삽입한 형식을 취한다. 이런 식의 구성은 같은 사건일지라도 두 사람의 시각에서 전개되는 것

이라서 독자에게 전체적인 그림을 입체적으로 파악할 수 있도록 해준다. 뜻밖에 핵심적인 역할을 하게 되는 목각인형을 대하는 태도만 보아도 그렇다. 앤과 수잔(클래런스 블레어 백작 부인)은 커다란 기린 목각인형이 아주 매력적이라면서 서로 차지하겠다고 티격태격한다. 반면 유스터스 경은 '그놈의 기린'이 처음부터 본능적으로 싫었다.[20]

《회상 속의 살인》[21]은 다성성을 설명하는 데 최고의 사례로 꼽을 만한 작품이다. 소설의 원제는 동요에서 따온《다섯 마리 아기 돼지》(1942)이다. 이 소설은 특이하게도 영국에서보다 미국에서 몇 달 먼저 출판되었는데, 영국 출판사가 무슨 이유에서인지 제목을 바꾸었다. 소설에서 푸아로는 16년 전에 발생한 사건을 수사하기 위해 당시 현장에 있었던 다섯 명의 이야기를 듣는다. '다섯 마리 아기 돼지'라는 제목은 이 다섯 사람의 각각 다른 시각을 암시하는 것이다. 게다가 오랜 시간이 흐른 만치 각기 다른 다섯 버전의 스토리는 시간의 때가 묻으며 온갖 방향으로 진화했을 터였다.

학자들은 흔히 에마뉘엘 르 루아 라뒤리(Emmanuel Le Roy Ladurie, 1929~)가 쓴《몽타이유(Montaillou)》(1975)[22]를 미시사 분야 최초의 중요한 업적으로 꼽곤 한다. 르 루아 라뒤리는 14세기 피레네산 1,300미터 고지대에 자리한 작은 마을 몽타이유에서 벌어진 이단 재판 기록을 분석했다. 엄격한 금욕주의자로 알려진 '이단자들'의 공동체였던 몽타이유는 실제로는 갈등, 불륜, 근친상간, 미신 등이 횡행하던 곳이었음이 드러났다.《몽타이유》가 출간되기 약 10년 전《카리브해의 비밀》(1964)에서 마플은 이렇게 말한 적이 있다.

> 시골 생활은 사실 목가적인 것과는 한참 거리가 있었다. 레이먼드 같은 사람들은 너무 모른다. …… 시골 생활에는 섹스—자연스러운 것과 부자연스러운 것—로 넘쳐난다. 강간, 근친상간, 온갖 종류의 변태 행위.[23]

그 뒤에 괄호를 붙여 덧붙인 말은 슬며시 웃게 만든다. "그중 어떤 것들은 그런 주제로 책을 쓴 옥스퍼드 출신의 똑똑한 젊은이들조차 들어보지 못했을 만한 것들이었다."[24] 그런데 결국 그런 똑똑한 젊은이 한 명이 《몽타이유》를 펴냄으로써 마플의 통찰을 '학문적'으로 증명했다. 물론 르 루아 라뒤리는 옥스퍼드가 아닌 파리대학 출신이다. 하지만 그가 애거서보다 늦었던 것도 사실이다.

"해외여행 떠날 때가
되지 않으셨어요?"

16

제국

애거서는 여행을 사랑했다. 여행은 꿈의 속성을 지닌 것이라고 말하기도 했다.[1] 여행에 대한 애거서의 애정은 개인적 경험과 무관하지 않다. 그녀는 여섯 살 때 일찌감치 해외여행에 '맛을 들였다'. 당시 영국에서는 돈을 아끼기 위해 집을 세놓고 물가가 싼 해외에 나가 사는 일이 유행이었다. 경제적으로 쪼들리게 되고 아버지의 건강까지 나빠지자 애거서의 가족은 하인까지 딸려 집을 세주고 프랑스 남부에 있는 휴양지 포(Pau)에 머물렀다.[2]

애거서는 사교계 데뷔식도 이집트 카이로에서 치렀다. 형편상 런던 사교계에 딸을 진출시킬 수 없었던 어머니는 요양을 핑계로 가족들을 데리고 이집트행을 택했다. 아치와 결혼한 후에는 세계일주여행을 하기도 했다. 세계 여행은 뜻밖의 기회였다. 1924년 웸블리(Wembley)에서 열린 영제국 전시회(The British Empire Exhibition, 1924~1925)의 홍보 사절단에 남편이 합류하면서 부부가 함께 여행할 기회를 얻게 된 것이다. 영국은 제1차 세계대전 전부터 식민지에 대한 지배력이 약화되었는데 1917년 인도에서 손을 떼게 되면서 제국의 위상이 심각하게 흔들렸다. 영제국 전시회는 식민지와의 결속력

웸블리에서 열린 영제국 전시회

1924년 4월 23일 개막한 이 전시회에는 당시 영제국에 속했던 58개 나라 중 56개 나라가 참여했다. 제국의 위상을 되살려보려 한 시도로 다양한 볼거리로 많은 관람객을 불러모았다. 위 사진은 정원에서 바라본 인도 파빌리온의 모습이다. 아래 사진은 1925년 전시회에서 가장 규모가 컸던 엔지니어링 전시관 내부 모습으로, 전기, 전신, 선박, 자동차, 철도 등이 전시되었다. (출처: 위키미디어 커먼즈)

을 강화하고 교역을 촉진하며 대중에게 제국에 대한 관심을 불러일으키고자 기획된 것이었다.

1922년 애거서는 무려 열 달에 걸쳐 남아프리카, 오스트레일리아, 뉴질랜드와 캐나다를 돌았으며, 하와이에서 한 달 동안 휴가를 보냈다. 그 경험은 그녀의 세계관을 상상할 수 없을 만치 넓혀놓았다. 평생 해수욕을 열광적으로 좋아했던 애거서는 남아프리카의 뮤젠버그(Muizenberg) 해변에 수영하러 갔다가 처음으로 서핑을 경험하기도 했다. 애거서는 그 후로도 서핑을 즐겼으며 자신이 영국 여성 중에서 최초의 서퍼였다는 사실을 평생의 자랑거리로 여겼다.[3]

《갈색 옷을 입은 사나이》를 보면 그 경험을 녹여낸 장면을 찾을 수 있다. 뮤젠버그에 놀러 간 앤 베딩필드는 사람들이 둥글고 납작한 서프보드를 타고 파도 위를 떠다니는 모습을 보게 되었다. 앤은 임시로 두꺼운 판자로 보드를 만들어 시행착오를 거듭한 끝에 파도타기에 성공한다. 그녀는 "행복에 젖어 광란 상태로 보드에서 뛰어내렸다."[4] 애거서가 얼마나 기쁨을 느꼈는지가 글에 고스란히 스며있다.

나는 여름엔 영국이 좋고
겨울엔 리비에라가 좋다.

그 후로도 애거서는 많은 여행을 했다. 당시 여행은 웬만큼 사는 영국인들에게는 일종의 습관이었다. 그 습관이 본격적으로 시작된 시점은 18세기 초부터다. 16세기까지만 해도 영국은 유럽의 변방에 자리 잡은 약소국이었고 멀리서 유럽대륙의 찬란한 문화를 동경했

영국 최초 여성 서퍼 애거서

남아프리카공화국 뮤젠버그 해변에서 처음으로 서핑을 경험한 애거서는 서핑의 즐거움에 흠뻑 빠졌다. 첫 번째 남편 아치와 하와이로 휴가를 갔을 때도 와이키키 해변에서 며칠 동안 서핑을 했는데(사진), 뮤젠버그보다 파도가 거세 서프보드를 타고 바다로 나가는 것조차 매우 힘들었다고 한다. 하지만 애거서는 거듭된 실패에도 굴하지 않고 서프보드에서 일어서는 데 성공했다. (출처: CHRISTIE ARCHIVES/FINDMYPAST)

을 뿐이다. 하지만 17세기 말 해상권을 장악해가며 상업과 투자 잉여가 증가하자 영국은 전례 없는 물질적 풍요를 누리게 되었다. 고리타분한 대학교육이 세상의 변화를 따라잡지 못한다고 생각했던 지배계급은 자식들을 앞다투어 해외로 보내 공부시키기 시작했다. 그것이 이른바 '그랜드 투어(Grand Tour)'라고 불리는 움직임이다.[5]

애거서의 작품에서도 그랜드 투어의 흔적을 찾을 수 있다. 《패딩턴 발 5시 40분》의 무대가 된 러더퍼드 저택의 창고에서 말이다. 그곳에는 루서 크랙켄소프가 유럽에서 가져온 온갖 조각과 미술품으로 채워져 있다. 실제로 예술품 쇼핑은 그랜드 투어리스트에게 필수적인 활동이었다. 물론 비싸게 사온 예술품 상당수가 가짜로 판명나곤 했지만 말이다. 러더퍼드 저택에서 발견된 시체가 들어있던 석관은 크랙켄소프가 나폴리에서 가져온 매우 훌륭한 유물이었다.[6]

《끝없는 밤》에서는 20세기판 그랜드 투어가 나온다. 변변찮은 배경을 가진 마이크는 백만장자 엘리와 결혼하면서 뒤늦게 그랜드 투어를 떠났다. 상류사회에 진입하려면 교양과 예술적 안목이 필수적이었고, 마이크는 유럽을 여행하면서 '고통스럽게' 그 훈련을 감내해야 했다. 프랑스 인상파에 대해 배울 때는 화가 세잔(Paul Cézanne)의 그림을 감상했는데 그는 세잔을 언제나 치간느(tzigane, 집시)와 헷갈리곤 했다.[7]

그런 전통 덕인지 먹고살 만한 영국인들에게는 자국의 음습한 날씨를 피해 남유럽으로 떠나는 일이 일종의 습관으로 자리 잡았다. 《누명》에서 그웬다 본은 리오 아가일에게 "해외여행 떠날 때가 되지 않으셨어요? …… 로마나 시에나에 가시던 걸 잊으셨어요?"라고 묻는다.[8] 《갈색 옷을 입은 사나이》를 보면 유스터스 페들러 경이 "겨울에 영국을 벗어날 수 있는 사람들이 그러지 않는 것은 믿을 수 없는 일이다"라고 말하는 대목이 있다. 그러면서 "나는 여름엔 영국이 좋고 겨울엔 리비에라가 좋다"라고 일기에 적었다. 자신이 '정상적인' 영국 상류층이라는 사실을 증명하려는 말이었다.[9]

그렇게 리비에라로 떠난 영국인들을 모티브로 삼은 소설이 《푸른 열차의 죽음》이다. 탬플린 부인은 리비에라의 사교계를 주름잡는 인물이다. 그리고 지중해의 푸른 물결을 바라보는 그녀의 손에 들려 있는 것은 영국의 일간지 《데일리 메일(Daily Mail)》이다.[10] 지중해는 영국인들에게 제2의 고향이나 마찬가지였다.

18세기 이후가 되면 영국 상인들이 세계 교역망을 장악하는 한편 다수의 행정가와 군인이 식민지에 파견되면서 훨씬 더 많은 영국인이 지구 곳곳을 누볐다. 일찍이 수잰 하우(Susanne Howe)가 제국 열강의 국민이라면 자국에서는 '폐소공포증'에 시달린다고 분석했을 정도로 그들은 넓은 바깥세상의 '공간에 중독된' 사람들이었다.[11]

애거서 소설 속 인물들은 끊임없이 해외로 나갔다가 돌아오거나, 혹은 한때 외국에 체류했던 경력을 가진 이들이다. 《테이블 위의 카드》에 나오는 레이스 대령은 "영제국 구석구석을 전부 가본 사람"이고,[12] 《잠자는 살인》의 주인공 그웬다는 인도에서 태어나 뉴질랜드에서 자란 뒤 영국으로 돌아온 새신부다.[13] 어디 그뿐이랴. 《갈색 옷을 입은 사나이》, 《나일강의 죽음》, 《오리엔트 특급 살인》, 《바그다드의 비밀》처럼 여행 자체를 뼈대로 삼은 작품도 많다.

애거서는 여행이 새로운 사람을 만나는 기회를 제공해서 매력적이라고 말했다.[14] 그런데 소설 속에서 그런 만남은 '모호한 과거' 혹은 '의심스러운 정체성'을 암시하는 전략으로 사용되곤 한다. 특히 《파도를 타고》의 한 대목은 매우 시사적이다. 집안의 기둥이었던 고든 클로드가 젊은 여자와 결혼한 뒤 갑자기 죽어버린다. 이제 정체 모를 젊은 미망인 로잘린이 돈줄을 틀어쥐게 되고 가족들은 공황상태에 빠진다. 도대체 고든은 젊은 로잘린을 어떻게 만났던 것일까. 고든의 누나 아델라 마치몬트의 대답이다.

> 오 애야, 배인지 비행기인지에서였다는구나. 아마 남미에서 뉴욕으로 갈 때였던 것 같은데. 그 오랜 시간 동안! 그 많은 비서며, 타이피스트며, 가정부 같은 모든 여자를 아무 일 없이 잘 지나쳤는데 말이야.[15]

애거서의 텍스트에서 여행이 더욱 흥미로운 것은 '바깥세상'을 소설에 삽입하는 방식 때문이다. 식민지의 경험이란 대개 매력 없는 늙은 남성이 자신을 과시하기 위해 써먹는 수단이다. 《애크로이드 살인사건》의 카터 대령을 예로 들어보자. 그는 날씨가 쌀쌀하면 아프가니스탄 산길이 생각난다고 하고, 걸핏하면 상하이 클럽을 들먹이곤 한다. 하지만 킹스 애벗 마을의 사람들은 모두 그가 상하이 클럽에 한 번도 가본 적이 없다는 것을 알고 있다. 그는 제1차 세계대전 동안 인도에 있었을 뿐 그보다 동쪽으로는 한 발짝도 떼지 않았다. 인도에 있는 동안에도 소고기 통조림이며 자두, 사과잼을 빼돌린 지저분한 인물이었다.[16]

《카리브해의 비밀》에는 마플이 폴그레이브 소령의 재미없는 회고담을 억지로 들으며 앉아있는 장면이 있다. 마플은 세월이 흐르면서 그런 이야기의 무대가 조금씩 바뀌어왔다는 사실을 알아차린다. 예전에는 인도가 주 무대로 심라(Simla, 영국령 인도 제국의 여름 수도였다), 가마꾼, 호랑이, 초타 하즈리(Chota Hazri, 영국령 인도 북부의 간단한 이른 아침 식사) 같은 단어들이 자주 튀어나왔지만 폴그레이브 소령은 사파리, 키쿠유(Kikuyu, 케냐의 부족), 코끼리, 스와힐리어(Swahili, 아프리카 남동부에서 쓰는 언어) 같은 단어를 자주 말했다.[17] 이처럼 애거서의 소설에서 제국이란 등장인물이 풀어내는 '이야깃거리'의 소재로서 큰 역할을 한다.

봄에 영국으로 돌아온 것 같군요.

그런데 애거서의 작품 중에는 '중심부'인 영국이 '주변부'인 식민지를 어떻게 의식하고 있었는지를 날카롭게 짚는 부분들이 있다. 《비밀 결사》에서 토미가 일자리를 구하지 못해 쩔쩔매자 터펜스는 "그렇다면 식민지는 어때?"라고 묻는다.[18] 식민지는 궁지에 몰린 본국 인에게 돌파구 역할을 했다는 인식이 드러난다. 《갈색 옷을 입은 사나이》에서 유스터스 페들러 경은 아주 감상적인 어조로 "남아프리카가 세계를 향해 무엇을 보여주려는가?"라고 질문을 던진다. 그러고는 "과실, 농장, 옷가지, 양모, 목재, 가축과 가죽, 금, 다이아몬드"라고 스스로 답한다.[19] 남아프리카는 그야말로 온갖 귀중한 자원을 제공하는 '공급처'일 뿐이다. 그것을 가져다 팔고, 이득을 취하는 이들은 그 질문을 던진 이가 속한 집단의 사람들이다. 이 모든 대사에서 식민지는 아무런 주체성을 갖지 못한다.

더 심한 것도 있다. 《침니스의 비밀》에서 앤서니 케이드가 자신이 사건에 휘말리게 된 경위를 설명하는 대목에서다. 모든 일은 약 3주 전 불라와요(Bulawayo)에서 비롯되었다. 불라와요는 영제국 변방의 식민기지로 앤서니는 그곳을 이렇게 묘사한다. "영국은 오직 영국만 생각하고 있는데 우리는 영국에 대해 무엇을 알고 있는가? 하는 종류의 곳이지요."[20] 기가 막히는 표현이다. 식민지가 자기를 쳐다봐 주지 않는 본국을 짝사랑이라도 한다는 말인가?

이런 오만함 때문인지 영국인들은 가는 곳마다 그곳에서 제2의 영국을 창조하려 했다. 주요 도시마다 영국인만 출입하는 클럽을 만들었는가 하면, 심지어 자연마저도 영국식 이름으로 재명명했다. 《바그다드의 비밀》의 종반부를 살펴보자. 에드워드는 빅토리아에게 "데번셔로 갑시다"라고 말한다. 바그다드에서 뜬금없이 데번셔라니. 그곳은 바그다드에서 그리 멀지 않은 곳에 있는 아름다운 관목숲이었다. 빅토리아는 "봄에 영국으로 돌아온 것 같군요"라고 말한다.[21] 여기서 '봄의 영국'이란 식민주의자들이 타지에서 직면한 모든 위험과 도전을 거세한 평화로움의 상징과도 같은 말이다. 두 영국인은 바그다드 인근의 어느 지역을 봄날의 데번셔라고 부름으로써 그곳을 자기네 나라의 공간으로 탈바꿈한다.

어디 그뿐이랴. 본국으로 돌아온 이들은 식민지 물건들로 집 안을 장식하면서 제국주의의 지배-피지배 관계를 재확인하고 제국의 영광을 이어갔다. 애거서의 소설에서 실내를 묘사하는 장면이라면 거의 빠짐없이 식민지에서 가져온 물건을 발견할 수 있다. 《코끼리는 기억한다》만 해도 그렇다. 올리버 부인은 어린 시절의 유모 매첨 부인을 찾아가 정보를 얻으려 한다. 매첨 부인의 거실은 자식이며 친지, 그리고 자신이 돌봐주었던 아이들이 장성해 세계 곳곳에서 보내온 물건들로 가득 차 있다. 월슨 대령이 싱가포르에서 보내준 놋쇠 테이블과 베나레스 놋쇠 장식품, 고고학자 아들이 이집트에서 보내준 라피스 라줄리(lapis lazuli, 靑金石)로 만든 스캐럽(Scarabs) 등 말이다.[22]

그런데 식민지에서 가져온 장식품의 최고봉은 바로 사람, 즉 식민지인 하인을 두는 것이었다. 《헤이즐무어 살인사건》에 등장하는 와이엇 대령은 터번을 쓴 인도인 하인 압둘을 데리고 산다. 그는 "원주민 하인이 최고요. 그들은 시키는 대로 합니다"라고 말한다.[23] 이렇게 보자면 영국인들에게 식민지와 본국을 오가는 일은 단지 이쪽 집에서 저쪽 집을 오가는 것일 뿐이었다.

하지만 코끼리 사냥꾼이나 고고학자,
식물학자 같은 사람은 아니었습니다.

1928년 애거서는 이라크의 발굴 현장에 갔다가 우연히 맥스 맬로원과 만나 결혼에 이르게 되었다. 애거서보다 14세 연하인 맥스는 말수가 적고 진지한 고고학자였다. 그전까지 애거서는 단순히 여행을 떠났지만, 결혼 후 여행이란 주로 유적 발굴을 위한 장기 출장의 성격을 띠게 되었다. 고생스러운 일정이었다. 하지만 애거서는 멀미에 취약하다는 단점을 제외하고는 열악한 외국 환경을 놀랄 만큼 잘 견뎌내는 체질을 지니고 있었다.

애거서는 유물을 닦고, 사진을 찍고, 목록을 만들고, 포장하는 등 아주 열심히 일했다.[24] 발굴 활동에 좀 더 도움이 되기 위해서 정식으로 강의를 들으며 축척과 사진기술을 배웠다. 유물에서 흙과 먼지를 떨어내기 위해 실험정신을 발휘하기도 했다. 오렌지나무 꼬챙이부터 뜨개질용 바늘, 치과 도구까지 온갖 것을 사용해본 결과 얼굴용 화장 크림이 가장 효과적이라는 것을 깨달았다. 2, 3주가 지나자 애거서는 "내 가엾은 늙은 얼굴에 바를 크림이 하나도 남지 않았다!"라면서 한탄하기에 이르렀다.[25]

널리 알려져 있듯이, 애거서의 발굴 경험이 가장 잘 드러난 작품은 《메소포타미아의 죽음》과 《바그다드의 비밀》이다. 《메소포타미아의 죽음》에 나오는 발굴 현장이며 숙소에 대한 묘사는 애거서 작품을 통틀어 최고 수준의 사실성을 자랑한다. 《바그다드의 비밀》에서는 문외한인 빅토리아가 고고학에 입문하는 과정이 꽤 길게 나와 있는데, 애거서의 자서전과 비교해 읽어보면 자신의 경험을 거의 그대로 반영했다는 사실을 알 수 있다.[26]

고고학자와 결혼하고 발굴에도 열심히 참여했지만 애거서는 자신이 아시리아 왕들의 정확한 연대도 기억하지 못하고 전문가적인 태도도 결코 갖추지 못했다며 겸손한 태도를 유지했다. 그저 고고학이 드러내주는 인간의 개인적인 면면에 엄청난 흥미를 느낄 뿐이라면서 말이다. 서판에 새겨진 계약서에 나타난 자신을 노예로 파는 방법과 장소, 양자를 들일 때의 조건, 작은 개의 무덤 위에 적힌 비문 같은 것들이 그녀가 고고학에서 발견한 기쁨이었다.[27]

이라크 고대 유적지 발굴 작업에 참여한 애거서

1950년대 애거서는 남편 맥스의 발굴 현장에 동행했다. 애거서는 발굴 활동에 도움이 되기 위해 축척과 사진기술을 배웠다. 사진은 1957년 아시리아 왕조의 고대 유적지인 이라크 님루드(Nimrud)에서 남편 맥스와 함께 발굴한 조각상을 촬영하는 모습이다. 애거서의 이런 발굴 경험은 《메소포타미아의 죽음》과 《바그다드의 비밀》에 오롯이 담겨 있다. (출처: hanisauland.de)

하지만 애거서는 분명히 자신을 고고학자와 동일시하고 있었다. 《자서전》을 보면 직접 발굴에 참여하고 난 후에야 방문객이 얼마나 끔찍한 존재인가를 알게 되었다는 대목이 있다.[28] 똑같은 내용이 《바그다드의 비밀》에서도 나타난다. 두 명의 견학자가 떠난 뒤 파운스풋 박사가 이제 시작에 불과하다면서 앞으로 매일같이 견학자가 올 것이라고 한숨을 푹푹 쉬는 장면 말이다.[29] 여기서 애거서는 빅토리아처럼 발굴 현장에 속한 사람이고 그곳을 재미 삼아 방문하는 여행자들이 귀찮다.

그런데 이 장면은 애거서가 서아시아에 온 유럽인을 두 부류로 구분하고 있음을 보여준다. 단순 여행자와 학술 활동에 종사하는 발굴단원이다. 비슷한 구분이 《세 번째 여자》에도 나온다. 닐 경감은 푸아로에게 앤드루 레스터릭이 남아메리카, 남아프리카, 케냐 등 여러 곳을 돌아다니며 광물이 묻혀있는 곳을 찾아다닌 사람이라고 알려준다. 닐 경감은 "하지만 코끼리 사냥꾼이나 고고학자, 식물학자 같은 사람은 아니었습니다. 모두 사업적인 것이었고 언제나 성공했죠"라고 말한다.[30] 여기서 일단 코끼리 사냥꾼을 제외하고 보자면 다시금 선명한 대비 구도가 드러난다. 고고학자나 식물학자 같은 사람들, 그리고 식민지에서 이익을 취하기 위한 사업가 두 집단 말이다.

발굴단원이 소설에서 방문객을 귀찮아하는 것처럼 '고고학 발굴단원'으로서 애거서는 이익에 눈먼 전형적인 식민주의자들과 자신을 분명하게 구분 지으려 한다. 이것은 제국주의적인 죄의식에서 도피하는 전략일 수 있다. 전 인류의 복지를 위한 '객관적인 과학'의 추구, 지배나 피지배 관계가 아닌 중립적이고도 순수한 학문 추구라는 외피를 입고 말이다. 이것은 메리 루이스 프랫(Mary Louis Pratt)이 《제국의 시선》을 통해 설파한 '반정복(反征服, anti-conquest)'이라는 용어를 떠오르게 한다. 반정복은 제국주의 시대를 살면서도 자신들의 결백을 지켜내고 싶었던 유럽의 부르주아 주체들이 활용한 재현 전략이다. 이 전략은 유토피아적이고 순수해 보여서 전 지구적으로 영향을 끼치는 권위를 창조해낼 수 있었다.[31]

식물학자, 박물학자, 광물학자 나아가 고고학자 들은 객관적이고 사심 없이 학문을 추구하는 사람들로 여겨진다. 그래서 그들은 유럽의 팽창적인 상업활동이나 제국주의적 지배와는 거리가 먼 집단처럼 보인다. 하지만 실제로 그들은 유럽의 팽창과 제국주의적 헤게모니의 열광적인 지지자이자 제국 기획의 충실한 보조자였다. '가장 정확한 서술'을 표방하는 과학을 통해 그들은 이 지구상의 모든 것을 찾아내고, 이름을 붙였으며, 분류했다. 심지어 고고학은 지구상에 존재하는 모든 것의 아주 먼 과거를 '창조'해냈다. 그렇게 얻은 이른바 과학적 지식은 오롯이 유럽이 소유권을 주장하게 될 엄청난 자산이 될 터였다.

나는 '상자' 밖으로 푸아로를
꺼내놓는 것을 용납하지 않겠다.

애거서는 그 어느 추리작가보다도 훨씬 광범위하게 세계를 동원했다. 학자들은 그녀의 책이 엄청난 인기를 끌었던 이유를 영제국의 노스탤지어 때문이라고 풀이한 적이 있다. 즉 제국적인 헤게모니가 사라져가는 시대에 애거서의 소설은 찬란한 대영제국의 영광을 그려내면서 그것이 마치 지속할 것 같은 위안을 준다는 말이다.[32]

ITV는 애거서 크리스티 시리즈를 제작하면서 현대물로 각색하지 않고 원작에 충실한 시대극을 고수하겠다고 결정했다. 셜록 홈스가 BBC의 〈셜록〉 시리즈를 통해 현대적 인물로 재탄생했던 반면, 푸아로나 마플은 '예스러움'을 고집한 것이다.[33] 푸아로를 연기한 데이비드 수셰이(David Suchet)도 "나는 애거서 크리스티가 만든 바로 그 푸아로다. 나는 그녀가 넣어둔 '상자' 밖으로 푸아로를 꺼내놓는 것을 용납하지 않겠다"라고 말했다.[34] 여기서 '상자'는 바로 푸아로가 활동했던 시대적 맥락을 말한다. 애거서의 푸아로 프레임은 제국으로서의 영국을 너무나도 분명하게 소환해낸다. 그리고 그것은 아시아를 포함한 전 세계로 팔려나갔고, 셜록 시리즈와는 다른 차원에서 매우 성공적이었다.

그렇다면 다른 나라, 심지어 식민통치를 경험한 나라에서도 애거서의 소설이 크게 비판받지 않고 인기를 구가해온 이유는 무엇일까. 독자들은 어차피 소설의 주인공들에게 이입할 수밖에 없고, 작가가 제시하는 플롯 안에서 상상력을 발휘하도록 한계지어진 탓일까. 아니면 애거서의 작품이 굳이 비판할 필요가 없는 심심풀이 추리소설로 받아들여졌기 때문일까.

나 또한 어린 시절 《갈색 옷을 입은 사나이》를 읽으면서 마치 주인공 앤이 된 듯 모험심과 낭만에 가득 차 아프리카 대륙을 누비는 상상에 빠졌었다. 하지만 이제는 그 소설이 예전처럼 낭만적으로 느껴지지 않는다. 군데군데 거부감이 느껴지고 전에는 알아차리지 못했던 불편한 내용이 몰입을 방해한다. 그 덕에 역사적이고 문화적인 맥락 속에서 작품을 새롭게 이해할 수 있게 되었다.《갈색 옷을 입은 사나이》가 영제국 박람회의 홍보 여행에서 겪었던 경험을 토대로 쓰인 것이고, 그런 탓인지 다른 어느 작품보다 영제국에 대한 신념과 충성이 노골적으로 드러난다는 사실 같은 것들 말이다.

애거서의 소설은 주로 20세기에 집필된 것이지만 그 내용은 19세기 말 제국의 영광과 빅토리아 시대의 정서를 담고 있다. 20세기 후반 그 소설에 열광했던 시간은 영제국의 헤게모니를 자연스럽게 내재화하는 훈련이나 마찬가지였다. 그리고 21세기에도 애거서의 콘텐츠는 끊임없이 재생산되며 영향력을 발휘하고 있다.

이처럼 제국주의를 문화적 현상으로 보자면 '식민'과 '탈식민'의 시간적 구분은 무의미해진다. 중요한 것은 식민지의 정치적 종속이 아니라 '식민 세력이 타자의 몸과 공간에 스스로를 새겨 넣는 순간'인 것이다.[35] 애거서가 소설 속에 녹여 넣은 '영원한 영국(Forever England)'을 이제는 좀 더 냉정한 시선으로 보아야 하지 않을까.

본문의 주
참고문헌

본문의 주

책을 펴내며

1 Gillian Gill, *Agatha Christie: The Woman and Her Mysteries* (New York: The Free Press, 1990), p. x.

2 Raymond Chandler, *The Simple Art of Murder* (Boston: Houghton, 1950), p. 529.

3 J. C. Bernthal, "'If Not Yourself, Who Would You Be?': Writing the Female Body in Agatha Christie's Second World War Detective Fiction," *Women: A Cultural Review*, 26:1/2 (2015), p. 41에서 재인용.

4 Robin Anne Reid, "The Centenary Caper: Casing Two Competing Schools of Detective Fiction," *Rocky Mountain Review of Language and Literature*, 46:1/2 (1992), p. 57.

5 Agatha Christie, *Passenger to Frankfurt* (London: William Collins & Sons, 1970), Introduction.

6 William Somerset Maugham, *The Vagrant Mood: Six Essays* (London: William Heinemann, 1952), p. 118.

7 Colin Watson, *Snobbery with Violence: Crime Stories and Their Audience* (London: Eyre & Spottiswoode, 1971), p. 14.

1 탐정 "이혼을 위한 조사 같은 일은 하지 않습니다"

1 D. M. Devereaux, "Through the Magnifying Glass: Exploring British Society in the Golden Age Detective Fiction of Agatha Christie and Ngaio Marsh," M.A. Thesis, University of Canterbury, 2012, p. 20.

2 Agatha Christie, *Murder in Mesopotamia* (London: William Collins & Sons, 1936), Chp. 13.

3 케이트 폭스 지음, 권석하 옮김, 《영국인 발견》 (학고재, 2017), p. 489.

4 Christie, *An Autobiography* [1977] (New York: Harpercollins, 2011), p. 194.

5 Christie, *Autobiography*, pp. 195-196.

6 Christie, *Death on the Nile* (London: William Collins & Sons, 1937), Part 2 Egypt, Chp. 2.

7 Anne Humphreys, "Who's Doing It? Fifteen Years Work on Victorian Detective Fiction," *Dickens Studies Annual*, 24 (1996), pp. 259-260.

8 Christie, *Autobiography*, pp. 210-211.

9 Christie, *The Mysterious Affair at Styles* (New York: John Lane, 1920), Chp. 1.

10 Christie, *Autobiography*, pp. 254-256.

11 Christie, *Autobiography*, p. 256.

12 Christopher Yiannitsaros, "Tea and Scandal at Four-Thirty: Fantasies of Englishness and Agatha Christie's Fiction of the 1930s and 1940s," *Clues: A Journal of Detection*, 35:2 (2017), p. 83.

13 Colin Watson, *Snobbery with Violence: Crime Stories and Their Audience* (London: Eyre & Spottiswoode, 1971), p. 167.

14 Christie, *The Secret of Chimneys* (London: The Bodley Head, 1925), Chp. 9.

15 Christie, *Murder in Mesopotamia*, Chp. 13.

16 Christie, *Cards on the Table* (London: William Collins & Sons, 1936), Chp. 10.

17 Christie, *The A.B.C. Murders* (London: William Collins & Sons, 1936). Chp. 8.

18 Christie, *The Body in the Library* (London: William Collins & Sons, 1942), Chp. 8.

19 Victoria Stewart, "True-Crime Narratives and Detective Fiction in Interwar Britain," *Clues: A Journal of Detection*, 29:2 (2011), p. 16.

20 Christie, *The Murder at the Vicarage* (London: William Collins & Sons, 1930), Chp. 26.

21 Christie, *The Clocks* (London: William Collins & Sons, 1963), Chp. 28.

22 Christie, *Third Girl* (London: William Collins & Sons, 1966), Chp. 1.

23 Christie, *Autobiography*, p. 433.

24 Christie, *Autobiography*, p. 435.

25 Blake Allmendinger, "The Erasure of Race in Agatha Christie's And Then There Were None," *ANQ: A Quarterly Journal of Short Articles, Notes, and Reviews*, 32:1 (2019), p. 62.

26 계정민, 〈"거슬리는 늙은 고양이들"—노처녀탐정 추리소설의 성정치학〉, 《영어영문학》 59권 4호 (2013), p. 514.

27 Christie, *The Murder at the Vicarage*, Chp. 9.

28 Kathy Mezei, "Spinsters, Surveillance, and Speech: The Case of Miss Marple, Miss Mole, and Miss Jekyll," *Journal of Modern Literature*, 30:2 (2007), p. 109.

29 Christie, *The Body in the Library*, Chp. 22.

30 Christie, *Sleeping Murder* (London: William Collins & Sons, 1976), Chp. 14.

31 Christie, *Autobiography*, p. 433.

32 Devereaux, "Through the Magnifying Glass," p. 6.

33 Devereaux, "Through the Magnifying Glass," pp. 28-29.

34 Gill Plain, *Twentieth-Century Crime Fiction: Gender, Sexuality and the Body* (Edinburgh: Edinburgh UP., 2001), p. 30.

35 J. C. Bernthal, "Killing Innocence: Obstructions of Justice in Late-Interwar British Crime Fiction," *Clues: A Journal of Detection*, 37:2 (2019), p. 31.

36 Christie, *The Mystery of the Blue Train* (London: William Collins & Sons, 1928), Chp. 10.

37 Carron Stewart Fillingim, "Revelations from "Cheesecake Manor": Agatha Christie, detective fiction, and interwar England," M.A. Thesis, Louisiana State University, 2007, pp. 7-9, 26-30.

38 계정민, 《범죄소설의 계보학》 (소나무, 2018), p. 151을 참조하라.

39 Fillingim, "Revelations from "Cheesecake Manor"," pp. 33-37.

40 P. D. James, "The Art of the Detective Novel," *Journal of the Royal Society of Arts*, 133: 5349 (1985), p. 639.

41 Martin Gill and Jerry Hart, "Exploring Investigative Policing: A Study of Private

Detectives in Britain," *The British Journal of Criminology*, 37:4 (1997), p. 550.

42 Gill and Hart, "Exploring Investigative Policing"; Matthew Rosenbaum, "Here's Looking at You, Kid: Private Detectives and Investigators," *Occupational Outlook Quarterly*, Summer (1994).

43 Christie, *Lord Edgware Dies* (London: William Collins & Sons, 1933) [Thirteen at Dinner], Chp. 2.

2 집 "집, 신이시여 집을 축복하소서!"

1 Agatha Christie, *An Autobiography* [1977] (New York: Harpercollins, 2011), p. 345.

2 Christie, *Autobiography*, pp. 19–20.

3 Christie, *Sleeping Murder* (London: William Collins & Sons, 1976), Chp. 1.

4 Christie, *Autobiography*, p. 345.

5 Christie, *Autobiography*, p. 426.

6 Christie, *Autobiography*, pp. 60–62.

7 Jeremy Paxman, *The English:A Portrait of a People* [2nd edition] (London: Penguin Books 1999), p. 140.

8 케이트 폭스 지음, 권석하 옮김, 《영국인 발견》 (학고재, 2017), p. 272.

9 Patricia Seed, *Ceremonies of Possession in Europe's Conquest of the New World, 1492-1640* (Cambridge: Cambridge UP., 1995), Chp. 1.

10 Christie, *Peril at End House* (London: William Collins & Sons, 1932), Chps. 1, 6.

11 Christie, *Peril at End House*, Chp. 6.

12 Christie, *Peril at End House*, Chp. 9.

13 Christie, *After the Funeral* (London: William Collins & Sons, 1953), Chp. 8.

14 Christie, *The Mirror Crack'd from Side to Side* (London: William Collins & Sons, 1962), Chp. 3.

15 Christie, "Three Blind Mice," in *Three Blind Mice and Other Stories* (New York: Dodd, Mead and Company, 1950).

16 Christie, *Autobiography*, pp. 491-492.
17 Christie, *Sad Cypress* (London: William Collins & Sons, 1940), Chp. 7.
18 폭스, 《영국인 발견》, p. 259.
19 Christie, *Mrs McGinty's Dead* (London: William Collins & Sons, 1952), Chp. 6.
20 Christie, *Postern of Fate* (London: William Collins & Sons, 1973), Book 1, Chp. 8.
21 폭스, 《영국인 발견》, p. 242, 각주 59.
22 Christie, *Curtain* (London: William Collins & Sons, 1975), Chp. 1.
23 Christie, *The Mirror Crack'd from Side to Side*, Chp. 1.
24 Christie, *Curtain*, Chp. 1.

3 독약 "얼마나 많은 사람에게 독약을 주었나요?"

1 Anon, "Review-The Mysterious Affair at Styles," *The Pharmaceutical Journal and Pharmacist*, 57 (1923), p. 61.
2 Agatha Christie, *An Autobiography* [1977] (New York: Harpercollins, 2011), p. 230.
3 Christie, *Autobiography*, pp. 247-248, 254.
4 Peter R. Gwilt and John R. Gwilt, "Dame Agatha's. Poisonous Pharmacopoeia," *The Pharmaceutical Journal*, 221 (1978), p. 572.
5 Christie, *Dumb Witness* (London: William Collins & Sons, 1937), Chp. 29.
6 Christie, *The Pale Horse* (London: William Collins & Sons, 1961), Chp. 22.
7 Christie, *Appointment with Death* (London: William Collins & Sons, 1938), Chp. 11.
8 설혜심, 《인삼의 세계사: 서양이 은폐한 '세계상품' 인삼을 찾아서》 (휴머니스트, 2020), pp. 266-268.
9 Christie, *The Mysterious Affair at Styles* (New York: John Lane, 1920), Chp. 12.
10 Christie, *Cards on the Table* (London: William Collins & Sons, 1936), Chp. 30.
11 Michael C. Gerald, *The Poisonous Pen of Agatha Christie* (Austin: Univ. of Texas Press, 1993).
12 Gerald, "Agatha Christie's Drugs and Disease," *Pharmacy in History*, 34:2 (1992),

pp. 101-107.

13 Christie, *Autobiography*, p. 483.

14 Christie, *The Mirror Crack'd from Side to Side* (London: William Collins & Sons, 1962), Chp. 3.

15 Christie, *After the Funeral* (London: William Collins & Sons, 1953), Chp. 8.

16 Christie, *Dumb Witness*, Chp. 21.

17 Christie, *The Hollow* (London: William Collins & Sons, 1946), Chp. 3.

18 Christie, *Hickory Dickory Dock* (London: William Collins & Sons, 1955), Chp. 8.

19 "The Power of the Drug, for good or ill, shall it ever pass away?" Eunice Bonow Bardell, "Dame Agatha's Dispensary," *Pharmacy in History*, 26:1 (1984), p. 13에서 발췌.

20 Christie, *The Mysterious Affair at Styles*, Chp. 1.

4 병역면제 "난 조국을 위해 싸울 기회조차 놓쳤어"

1 Agatha Christie, *The Murder of Roger Ackroyd* (London: William Collins & Sons, 1926), Chp. 2.

2 Christie, *Taken at the Flood* (London: William Collins & Sons, 1948), Book 1, Chp. 3.

3 R. J. Clare, "'Fit to Fight?': HOW THE PHYSICAL CONDITION OF THE CONSCRIPTS CONTRIBUTED TO THE MANPOWER CRISIS OF 1917-18," *Journal of the Society for Army Historical Research*, 94:379 (2016), pp. 231-233.

4 Michael Robinson, "Broken Soldiers: the chaos of enlistment in the British Army in the early months of the Great War," *History Ireland*, 24:2 (2016), p. 31.

5 Clare, "'Fit to Fight?'," p. 232.

6 Christie, *Why Didn't They Ask Evans?* (London: William Collins & Sons, 1934) [The Boomerang Clue], Chp. 3.

7 TNA, Cabinet Papers, BAB 27/2, Committee of Imperial Defence, War Policy; Report, Supplementary Memoranda, Proceedings and Appendices of a Cabinet

Committee. 7 September, 1915, p. 5.

8 Clare, "'Fit to Fight?,'" p. 233.

9 Christie, *Crooked House* (London: William Collins & Sons, 1949), Chp. 3.

10 Christie, *Crooked House*, Chp. 8.

11 이 주제는 Juliette Pattinson, Arthur McIvor and Linsey Robb, *Men in Reserve: British Civilian Masculinity in the Second World War* (Manchester: Manchester UP., 2016)를 참조하라.

12 Christie, *Taken at the Flood*, Book 1, Chp. 3.

13 Christie, *Taken at the Flood*, Book 1, Chp. 3.

14 Christie, *Taken at the Flood*, Book 2, Chp. 15.

15 Christie, *Taken at the Flood*, Book 1, Chp. 3.

16 Christie, *Taken at the Flood*, Book 1, Chp. 3.

17 Christie, *An Autobiography*, [1977] (New York: Harpercollins, 2011), p. 310.

18 Christie, *Taken at the Flood*, Book 1, Chp. 13.

19 Christie, "Three Blind Mice," in *Three Blind Mice and Other Stories* (New York: Dodd, Mead and Company, 1950).

20 Christie, *The A.B.C. Murders* (London: William Collins & Sons, 1936), Chps. 16, 31, 34.

21 Christie, *The A.B.C. Murders*, Chp. 33.

22 Christie, *Dumb Witness* (London: William Collins & Sons, 1937), Chp. 10.

5 섹슈얼리티 "사랑, 사랑, 무서운 말입니다"

1 Agatha Christie, *Destination Unknown* (London: William Collins & Sons, 1954) [So Many Steps to Death], Chp. 3.

2 Christie, *The Moving Finger* (London: William Collins & Sons, 1943), Chp. 1.

3 Christie, *The Hollow* (London: William Collins & Sons, 1946), Chp. 19.

4 Christie, *The Mirror Crack'd from Side to Side* (London: William Collins & Sons, 1962), Chp. 4.

5 Christie, *The Moving Finger*, Chp. 11.

6 Christie, *The Murder at the Vicarage* (London: William Collins & Sons, 1930), Chp. 1.

7 Christie, "Triangle at Rhodes," in *Murder in the Mews and Other Stories* (London: Collins Crime Club, 1937).

8 Christie, *Appointment with Death* (London: William Collins & Sons, 1938), Chp. 4.

9 Christie, *Dumb Witness* (London: William Collins & Sons, 1937), Chp. 19.

10 Christie, *Ordeal by Innocence* (London: William Collins & Sons, 1958), Chp. 24.

11 Christie, *Nemesis* (London: William Collins & Sons, 1971), Chp. 18.

12 James Carl Bernthal, "A Queer Approach to Agatha Christie, 1920-1952," Ph.D. Thesis, University of Exeter, 2015를 참조하라.

13 Dennis Altman, "Reading Agatha Christie," *Current Affairs and Culture from Australia and Beyond*, 5th January, 2009.

14 H. R. F. Keating, "Hercule Poirot-A Companion Portrait," in H. R. F. Keating, ed., *Agatha Christie: First Lady of Crime* (London: Weidenfeld and Nicolson, 1977), p. 209; Alison Light, *Forever England: Femininity, Literature and Conservatism between the Wars* (London: Routledge, 1991), pp. 67, 73.

15 Christie, *The Big Four* (London: William Collins & Sons, 1927), Chp. 18.

16 Christie, *A Murder Is Announced* (London: William Collins & Sons, 1950), Chp. 1.

17 Christie, *Cards on the Table* (London: William Collins & Sons, 1936), Chp. 1.

18 Christie, *Cards on the Table*, Chp. 7.

19 Christie, *Five Little Pigs* (London: William Collins & Sons, 1942) [Murder in Retrospect], Chp. 3.

20 Christie, *The Murder of Roger Ackroyd* (London: William Collins & Sons, 1926), Chp. 23.

21 설혜심, 《제국주의와 남성성: 19세기 영국의 젠더 형성》 (아카넷, 2016), 〈제5장: 제국의 온상-퍼블릭 스쿨과 남성성〉을 참조하라.

22 Eve Kosofsky Sedgwick, *Between Men* (New York: Columbia UP., 1985), pp. 1-2.

23 Thomas Hughes, *Tom Brown's Schooldays* (London: Macmillan, 1857).

6 호텔 "저 노부인들이 도대체 무슨 능력으로 이 호텔에 묵을 수 있죠?"

1 Agatha Christie, *Cat Among the Pigeons* (London: William Collins & Sons, 1959), Chp. 2.

2 Christie, *The Secret Adversary* (London: The Bodley Head, 1922), Chp. 1.

3 Christie, *Why Didn't They Ask Evans?* (London: William Collins & Sons, 1934) [The Boomerang Clue], Chp. 3.

4 Christie, *Lord Edgware Dies* (London: William Collins & Sons, 1933) [Thirteen at Dinner], Chp. 11; *They Do It with Mirrors* (London: William Collins & Sons, 1952) [Murder with Mirrors], Chp. 1; *Why Didn't They Ask Evans?*, Chp. 23; *Appointment with Death* (London: William Collins & Sons, 1938), Epilogue.

5 Christie, *An Autobiography* [1977] (New York: Harpercollins, 2011), p. 107.

6 Christie, *Autobiography*, p. 85.

7 Janet P. Morgan, *Agatha Christie: A Biography* (London: HarperCollins, 1984), pp. 23-27.

8 Taryn Priadko and Sophie Kesteven, "The history of the Savoy Hotel in London, host to the Queen, The Beatles and the 'real James Bond'," *ABC Radio National*, 3rd October, 2020.

9 "English Crime Writer Agatha Christie with Peter Saunders at the Party," *The Daily Mail*, 14th April, 1958.

10 Stanley Turkel, "Hotel history: Swiss hotelier and chef de cuisine run revolutionary Savoy," CMHS hotel-online.com, 11th, August 2018. [https://eturbonews.com/230295/hotel-history-swiss-hotelier-and-chef-de-cuisine-run-revolutionary-savoy]

11 Christie, *The Mystery of the Blue Train* (London: William Collins & Sons, 1928),

Chp. 13.

12 Christie, *The Secret Adversary*, Chp. 28.

13 Christie, *Taken at the Flood* (London: William Collins & Sons, 1948), Book 2, Chp. 13.

14 https://www.flemings-mayfair.co.uk/mayfair-hotel/history

15 Christie, *At Bertram's Hotel* (London: William Collins & Sons, 1965), Chp. 1.

16 Christie, *At Bertram's Hotel*, Chp. 5.

17 Christie, *At Bertram's Hotel*, Chp. 1.

18 Christie, *At Bertram's Hotel*, Chp. 1.

7 교육 "이튼 출신이라면 못하겠군!"

1 Agatha Christie, *Dumb Witness* (London: William Collins & Sons, 1937), Chp. 10.

2 설혜심·박형지, 《제국주의와 남성성: 19세기 영국의 젠더 형성》 (아카넷, 2016), 〈제5장: 제국의 온상: 퍼블릭 스쿨과 남성성〉.

3 Christie, *The Moving Finger* (London: William Collins & Sons, 1943), Chp. 4.

4 Christie, *An Autobiography* [1977] (New York: Harpercollins, 2011), pp. 115-116.

5 Christie, *Autobiography*, pp. 82-84.

6 Christie, *Autobiography*, pp. 326-327.

7 Christie, *Autobiography*, pp. 25-26.

8 Christie, *Autobiography*, p. 93.

9 Christie, *Postern of Fate* (London: William Collins & Sons, 1973), Book 1, Chp. 2.

10 Christie, *Death on the Nile* (London: William Collins & Sons, 1937), Part 2 Egypt, Chp. 21.

11 Christie, *The Pale Horse* (London: William Collins & Sons, 1961), Chp. 6.

12 Christie, *Passenger to Frankfurt* (London: William Collins & Sons, 1970), Chp. 15.

13 Christie, *Peril at End House* (London: William Collins & Sons, 1932), Chp. 2.

14 A. J. P. Taylor, *English History 1914-1945* (Oxford: Oxford UP., 1965) p. 169.

15 Christie, *Nemesis* (London: William Collins & Sons, 1971), Chp. 12.

16 Susan Baker, "Shakespearean Authority in the Classic Detective Story," *Shakespeare Quarterly*, 46:4 (1995), p. 445.

17 Jem Bloomfield, ""Three Ordinary, Normal Old Women": Agatha Christie's Uses of Shakespeare," *Shakespeare*, 16:1 (2020), p. 24.

18 Christie, *The Pale Horse*, Chp. 4.

19 Baker, "Shakespearean Authority in the Classic Detective Story," p. 426.

20 Christie, *The Secret of Chimneys* (London: The Bodley Head, 1925), Chp. 8.

21 Christie, *Cat Among the Pigeons* (London: William Collins & Sons, 1959), Chp. 3.

22 Joseph Bullmore, "Old School, New Tricks/ Eton opens its doors to the children of N.H.S. workers," Airmail, 4th April, 2020 [https://airmail.news/issues/2020-4-4/old-school-new-tricks]

23 Bullmore, "Old School, New Tricks."

8 신분 도용 "난 작가인 척하고 있을 뿐이다"

1 S. Street, "Re-Writing the Past, Autobiography and Celebrity in Agatha[1979]: 'An Imaginary Solution to an Authentic Mystery,'" *Open Screens*, 3(1):2 (2020), pp. 4-5.

2 Agatha Christie, *An Autobiography* [1977] (New York: Harpercollins, 2011), pp. 22-23.

3 Christie, *Autobiography*, pp. 38-39.

4 Christie, *Autobiography*, p. 45.

5 Christie, *Autobiography*, p. 140.

6 Christie, *Autobiography*, p. 45.

7 Christie, *The Body in the Library* (London: William Collins & Sons, 1942), Chp. 1.

8 Christie, *The Mystery of the Blue Train* (London: William Collins & Sons, 1928), Chp. 19.

9 Christie, *The Mystery of the Blue Train*, Chp. 17.

10 Christie, *The Body in the Library*, Chp. 10.

11 Christie, *The Body in the Library*, Chp. 16.

12 Christie, *The Body in the Library*, Chp. 22.

13 Christie, *They Came to Baghdad* (London: William Collins & Sons, 1951). Chp. 4.

14 Christie, *Taken at the Flood* (London: William Collins & Sons, 1948), Book 1, Chp. 8.

15 Christie, *Taken at the Flood*, Book 2, Chp. 1.

16 Natalie Zemon Davis, *The Return of Martin Guerre* (Cambridge, Mass.: Harvard UP., 1983).

17 나탈리 제먼 데이비스 지음, 양희영 옮김, 《마르탱 게르의 귀향》 (지식의 풍경, 2000), p. 69.

18 Christie, *A Murder Is Announced* (London: William Collins & Sons, 1950), Chp. 10.

19 Christie, *The Secret of Chimneys* (London: The Bodley Head, 1925), Chp. 2.

20 Christie, *They Came to Baghdad*, Chp. 5.

21 Christie, *After the Funeral* (London: William Collins & Sons, 1953), Chp. 24.

22 Christie, *Lord Edgware Dies* (London: William Collins & Sons, 1933) [Thirteen at Dinner], Chp. 8.

23 Christie, *Hercule Poirot's Christmas* (London: William Collins & Sons, 1938), Part 6.

24 Christie, *Third Girl* (London: William Collins & Sons, 1966), Chp. 8.

25 Christie, *Dead Man's Folly* (London: William Collins & Sons, 1956), Chp. 6.

26 Christie, *Autobiography*, p. 517.

27 Robert Barnard, "Agatha Christie," *London Magazine*, 1st October, 1979, p. 47.

9 배급제 "미국에서 보내온 버터 한 통을 쓰면 돼"

1 Agatha Christie, *A Murder Is Announced* (London: William Collins & Sons, 1950), Chp. 15.

2 Christie, *The Mysterious Affair at Styles* (New York: John Lane, 1920), Chp. 1.

3 Christie, *Taken at the Flood* (London: William Collins & Sons, 1948), Book 1,

Chp. 11.

4 Christie, *A Pocket Full of Rye* (London: William Collins & Sons, 1953), Chp. 14.

5 Christie, *A Murder Is Announced*, Chp. 3.

6 노명환 외 10인, 《20세기 서양의 일상과 풍경》 (선인, 2019), p. 224.

7 노명환 외 10인, 《20세기 서양의 일상과 풍경》, pp. 241-242.

8 Christie, *An Autobiography* [1977] (New York: Harpercollins, 2011), pp. 240-241.

9 노명환 외 10인, 《20세기 서양의 일상과 풍경》, pp. 241-242.

10 Christie, *Autobiography*, pp. 240-244.

11 Christie, *Taken at the Flood*, Book 2, Chp. 1.

12 노명환 외 10인, 《20세기 서양의 일상과 풍경》, pp. 247-248.

13 매기 앤드루스·재니스 로마스 지음, 홍승원 옮김, 《100가지 물건으로 다시 쓰는 여성 세계사》 (웅진지식하우스, 2020), pp. 211-213.

14 J. J. MacGregor, "Britain's Wartime Food Policy," *Journal of Farm Economics*, 25:2 (1943), p. 390.

15 T. F. Macrae, "The Effect of Britain's Food Policy on Nutrition," *Food, Drug, Cosmetic Law Journal*, 7:7 (1952), p. 431.

16 이영석, 〈공습과 피난의 사회사: 2차 세계대전기 영국인의 경험〉, 《서양사론》 143호 (2019), pp. 165-167.

17 Christie, *Autobiography*, pp. 486, 489-490.

18 이영석, 〈공습과 피난의 사회사: 2차 세계대전기 영국인의 경험〉, p. 168.

19 Christie, *Why Didn't They Ask Evans?* (London: William Collins & Sons, 1934) [The Boomerang Clue], Chp. 2.

20 Christie, *A Murder Is Announced*, Chp. 18.

21 Christie, *Autobiography*, p. 247.

22 Christie, *Autobiography*, pp. 261-262.

23 Christie, *Autobiography*, p. 262.

24 Christie, *After the Funeral* (London: William Collins & Sons, 1953), Chp. 14.

25 Christie, *Autobiography*, pp. 494-495.

10 탈것 "오, 그 자동차가 내게 준 기쁨이란!"

1 Agatha Christie, *An Autobiography* [1977] (New York: Harpercollins, 2011), pp. 361-362.

2 Karl Zimmermann, *The GrandLuxe Express* (Bloomington: Indiana UP., 2007), p. 15.

3 Chris Ewers, "Genre in Transit: Agatha Christie, Trains, and the Whodunit," *Journal of Narrative Theory*, 46:1 (2016), p. 98

4 Christie, *Autobiography*, p. 363.

5 Christie, *Autobiography*, p. 367.

6 Christie, *Autobiography*, p. 422.

7 Natalie Escobar, "What Was the Inspiration for "The Murder on the Orient Express"?," *Smithsonian Magazine*, 22nd November, 2017에서 재인용.

8 Christie, *Autobiography*, p. 221.

9 Christie, *Autobiography*, pp. 187-188.

10 Christie, *Autobiography*, p. 221.

11 Christie, *Destination Unknown* (London: William Collins & Sons, 1954) [So Many Steps to Death], Chp. 8.

12 Christie, *Autobiography*, p. 82.

13 Christie, *Autobiography*, p. 268.

14 Christie, *The Secret Adversary* (London: The Bodley Head, 1922), Chp. 11.

15 Christie, *Autobiography*, p. 321.

16 Christie, *Autobiography*, p. 321.

17 Christie, *Autobiography*, p. 333.

18 Christie, *Autobiography*, p. 343.

19 Christie, *The Hollow* (London: William Collins & Sons, 1946), Chp. 6.

20 Christie, *Ordeal by Innocence* (London: William Collins & Sons, 1958), Chp. 19.

21 Christie, *The Body in the Library* (London: William Collins & Sons, 1942), Chp. 9.

22 Christie, *Hallowe'en Party* (London: William Collins & Sons, 1969), Chp. 14.

23 Christie, *Death on the Nile* (London: William Collins & Sons, 1937), Part 1 England, Chp. 1.

24 Christie, *4.50 from Paddington* (London: William Collins & Sons, 1957), Chp. 8.

25 Christie, *Endless Night* (London: William Collins & Sons, 1967), Book 2, Chp. 17.

26 Christie, *Crooked House* (London: William Collins & Sons, 1949), Chp. 24.

27 이영석, 《공장의 역사: 근대 영국 사회와 생산 언어 정치》 (푸른역사, 2012), 〈제4부: 탈공장의 시대〉를 참조하라.

28 〈메이드 인 코리어 100억불(億弗)(87) 자동차[11]〉, 《경향신문》, 1977. 12. 5.

29 〈포니 영국 상륙… 언론·업계 관심 높아져〉, 《동아일보》, 1981. 10. 28.

11 영국성 "그 지긋지긋한 영국인 근성 때문이겠지요"

1 Agatha Christie, *An Autobiography* [1977] (New York: Harpercollins, 2011), pp. 471-472.

2 Craig A. Warren, "Gender and Moral Immaturity in Agatha Christie's "And Then There Were None"," CEA *Critic*, 73:1 (2010), p. 52.

3 Christie, *Hickory Dickory Dock* (London: William Collins & Sons, 1955), Chp. 1.

4 Christie, *Passenger to Frankfurt* (London: William Collins & Sons, 1970), Chp. 6.

5 Christie, *Hickory Dickory Dock*, Chp. 9.

6 Christie, *Hickory Dickory Dock*, Chp. 9.

7 Edward W. Said, *Orientalism* (New York: Pantheon Books, 1978).

8 Christie, *A Caribbean Mystery* (London: William Collins & Sons, 1964), Chp. 21.

9 Christie, *Sleeping Murder* (London: William Collins & Sons, 1976), Chp. 10.

10 Christie, *The Secret of Chimneys* (London: The Bodley Head, 1925), Chp. 9.

11 Christie, *Lord Edgware Dies* (London: William Collins & Sons, 1933) [Thirteen at Dinner], Chp. 10.

12 Christie, *The Murder on the Links* (London: The Bodley Head, 1923), Chps. 3, 13.

13 Christie, *The Mystery of the Blue Train*, (London: William Collins & Sons, 1928), Chp. 11.

14 Christie, *Hickory Dickory Dock*, Chp. 14.

15 Christie, *Murder on the Orient Express* (London: William Collins & Sons, 1934), Part 2, Chp. 10.

16 Christie, *Murder on the Orient Express*, Part 3, Chp. 2.

17 Christie, *Death on the Nile* (London: William Collins & Sons, 1937), Part 2 Egypt, Chp. 21.

18 Christie, *They Do It with Mirrors* (London: William Collins & Sons, 1952) [Murder with Mirrors], Chp. 13.

19 Christie, *The Hollow* (London: William Collins & Sons, 1946), Chp. 14.

20 Christie, *Dumb Witness* (London: William Collins & Sons, 1937), Chp. 1.

21 Christie, *Death on the Nile*, Part 2 Egypt, Chp. 24.

22 Christie, *Hickory Dickory Dock*, Chp. 11.

23 Christie, *Cat Among the Pigeons* (London: William Collins & Sons, 1959), Chp. 4.

24 Christie, *Dumb Witness*, Chp. 16.

25 설혜심, 《지도 만드는 사람: 근대 초 영국의 국토·역사·정체성》 (길, 2007), 〈제3부: 듣는 지도〉를 참조하라.

26 Linda Colley, *Britons: Forging the Nation, 1708-1837* (New Haven: Yale UP., 1992); Gerald Newman, *The Rise of English Nationalism* (New York: St Martin's Press, 1997).

27 설혜심, 《지도 만드는 사람》을 참조하라.

28 Christie, *Death on the Nile*, Part 2 Egypt, Chp. 11.

29 Christie, *Dumb Witness*, Chp. 3 참조.

30 Christie, *They Do It with Mirrors*, Chp. 11.

31 케이트 폭스 지음, 권석하 옮김, 《영국인 발견》 (학고재, 2017), p. 379.

32 Christie, *The Murder on the Links*, Chp. 23.

33 폭스, 《영국인 발견》, pp. 442-443.

34 Christie, *The Pale Horse* (London: William Collins & Sons, 1961), Chp. 12.

35 설혜심, 〈18세기 대영박물관에 전시된 인삼(ginseng): 입수 경로와 당대의 반응〉, 《인삼 문화》 3권 (2021), pp. 42-43.

12 돈 "돈, 돈, 돈! 나는 아침에도, 낮에도, 밤에도 돈만 생각해요!"

1 Agatha Christie, *The Secret Adversary* (London: The Bodley Head, 1922), Chp. 1.

2 Christie, *The Murder of Roger Ackroyd* (London: William Collins & Sons, 1926), Chp. 2.

3 Christie, *The Mystery of the Blue Train* (London: William Collins & Sons, 1928), Chp. 8.

4 Christie, *The Seven Dials Mystery* (London: William Collins & Sons, 1929), Chp. 1.

5 Christie, *After the Funeral* (London: William Collins & Sons, 1953), Chp. 1.

6 Christie, *By the Pricking of My Thumbs* (London: William Collins & Sons, 1968), Book 2, Chp. 8.

7 Christie, *Hallowe'en Party* (London: William Collins & Sons, 1969), Chp. 8.

8 Christie, *The Secret Adversary*, Chp. 1.

9 *Titled Americans: A List of American Ladies Who Have Married Foreigners of Rank* (New York, Street & Smith, 1890).

10 Laura Lynch, "A Look Back at the 'Dollar Princesses,'" *The World*, 22nd April, 2011.

11 Christie, *An Autobiography* [1977] (New York: Harpercollins, 2011), p. 15.

12 Christie, *Autobiography*, p. 18.

13 Christie, *Why Didn't They Ask Evans?* (London: William Collins & Sons, 1934) [The Boomerang Clue], Chp. 9.

14 Christie, *Death on the Nile* (London: William Collins & Sons, 1937), Part 1 England, Chp. 1.

15 Christie, *Ordeal by Innocence* (London: William Collins & Sons, 1958), Chp. 4.

16 Christie, *Autobiography*, pp. 46, 155.

17 Christie, *Autobiography*, p. 110.

18 Christie, "Lost Mine," in *Poirot Investigates* (New York: Dodd, Mead and Company, 1925).

19 헤르초슬로바키아(Herzoslovakia)는 《애국 살인》에도 나온다.

20 Christie, *The Secret of Chimneys* (London: The Bodley Head, 1925), Chp. 14.

21 John Stevenson, *British Society 1914-45* (London: Penguin Books, 1984), pp.

334-340.

22 Christie, *Passenger to Frankfurt* (London: William Collins & Sons, 1970), Chp. 11.

23 Christie, *One, Two, Buckle My Shoe* (London: William Collins & Sons, 1940) [The Patriotic Murders], Chp. One, Two, Buckle my Shoe.

24 Christie, *One, Two, Buckle My Shoe*, Chp. Seventeen, Eighteen, Maids in Waiting.

25 Christie, *Destination Unknown* (London: William Collins & Sons, 1954) [So Many Steps to Death], Chp. 18.

26 Christie, *Destination Unknown*, Chp. 18.

13 계급 "헬렌은 하녀 이름으로는 적합하지 않아"

1 애거서 크리스티에 대한 비판과 옹호는 Robert Barnard, *A Talent to Deceive* (New York: Dodd Mead, 1980)를 참조하라.

2 Agatha Christie, *Three Act Tragedy* (London: William Collins & Sons, 1935) [Murder in Three Acts], Act 2, Chp. 5.

3 Christie, *Dumb Witness* (London: William Collins & Sons, 1937), Chp. 9.

4 Christie, *Mrs McGinty's Dead* (London: William Collins & Sons, 1952), Chp. 4.

5 Christie, *An Autobiography* [1977] (New York: Harpercollins, 2011), p. 29.

6 Christie, *Autobiography*, pp. 29-30.

7 Selina Todd, "Domestic Service and Class Relations in Britain 1900-1950," *Past & Present*, 203 (2009), p. 183.

8 Ministry of Labour, Report for the Year 1938, Parliamentary Papers, 1938-1939 (Cmd. 6016), xii.

9 Todd, "Domestic Service and Class Relations in Britain 1900-1950," pp. 188-190.

10 P. Taylor, "Daughters and Mothers—Maids and Mistresses: Domestic Service between the Wars," in J. Clarke, C. Critcher and R. Johnson, eds., *Working Class Culture: Studies in History and Theory* (London: Hutchinson, 1979).

11 Andy Wood, "Fear, Hatred and the Hidden Injuries of Class in Early Modern

England," *Journal of Social History*, 39:1 (2006) 참조.

12 Justin Stagl, *A History of Curiosity: The Theory of Travel 1550-1800* (Chur, Switzerland: Harwood Academic Publishers, 1995), p. 53.

13 Christie, *Autobiography*, p. 31.

14 Christie, *Autobiography*, p. 31.

15 Christie, *Autobiography*, p. 31.

16 Christie, *Mrs McGinty's Dead*, Chp. 6.

17 Christie, *Hercule Poirot's Christmas* (London: William Collins & Sons, 1938), Part 3.

18 Christie, *Taken at the Flood* (London: William Collins & Sons, 1948), Prologue, Chp. 2.

19 케이트 폭스 지음, 권석하 옮김, 《영국인 발견》 (학고재, 2017), p. 135.

20 Christie, *The Mystery of the Blue Train* (London: William Collins & Sons, 1928), Chp. 30.

21 Christie, *Taken at the Flood*, Book 1, Chp. 17.

22 폭스, 《영국인 발견》, p. 141.

23 Christie, *4.50 from Paddington* (London: William Collins & Sons, 1957), Chp. 26.

24 Christie, *By the Pricking of My Thumbs* (London: William Collins & Sons, 1968), Book 4, Chp. 15.

25 Christie, *Endless Night* (London: William Collins & Sons, 1967), Book 2, Chp. 10.

26 폭스, 《영국인 발견》, p. 153.

27 폭스, 《영국인 발견》, pp. 139-145.

28 폭스, 《영국인 발견》, p. 440.

14 미신 "지금도 시골 어느 마을에나 마녀가 있어"

1 Agatha Christie, *Murder Is Easy* (London: William Collins & Sons, 1939) [Easy to Kill], Chp. 2.

2 Christie, *The Pale Horse* (London: William Collins & Sons, 1961), Chp. 4.

3 Christie, *The Moving Finger* (London: William Collins & Sons, 1943), Chp. 6.

4 Keith Thomas, *Religion and the Decline of Magic* (New York: Charles Scribner's Sons, 1971), pp. 118-119.

5 설혜심, 《역사, 어떻게 볼 것인가》 (길, 2011), 〈제4장: 마녀사냥을 보는 다양한 시선〉 참조.

6 Christie, *The Moving Finger*, Chp. 6.

7 Christie, *The Pale Horse*, Chp. 5.

8 설혜심, 《서양의 관상학, 그 긴 그림자》 (한길사, 2002), 제1-2장.

9 Mariusz Misztal "Theory and Practice of Royal Education based on Victorian Prince of Wales' Educational Experiment," *Bulletin of the History of Education*, 36 (2017), pp. 96-98.

10 Christie, *The Secret of Chimneys* (London: The Bodley Head, 1925), Chp. 14.

11 Christie, *After the Funeral* (London: William Collins & Sons, 1953), Chp. 18.

12 Christie, *Murder on the Orient Express* (London: William Collins & Sons, 1934), Part 1, Chp. 3.

13 Christie, *The Pale Horse*, Chp. 13.

14 Christie, *At Bertram's Hotel* (London: William Collins & Sons, 1965), Chp. 2.

15 Christie, *The Man in the Brown Suit* (London: The Bodley Head, 1924), Chp. 8.

16 설혜심, 《서양의 관상학, 그 긴 그림자》, pp. 303-315.

17 설혜심, 《서양의 관상학, 그 긴 그림자》, pp. 315-319.

18 Christie, *The Sittaford Mystery* (London: William Collins & Sons, 1931) [The Murder at Hazelmoor], Chp. 15.

19 Christie, *Taken at the Flood* (London: William Collins & Sons, 1948), Prologue, Chp. 2.

20 Victoria Stewart, "Spiritualism, Detective Fiction, and the Aftermath of War," *Clue: A Journal of Detection*, 27:2 (2009), p. 76.

21 Christie, *An Autobiography* [1977] (New York: Harpercollins, 2011), pp. 21, 25

22 Chris Willis, "Making the Dead Speak: Spiritualism and Detective Fiction," in Warren L. Chernaik, Martin Swales and Robert Vilain, eds., *The Art of detective*

fiction (Basingtoke: Macmillan, 2000), p. 60.
23 Arthur Conan Doyle, *The New Revelation* (London: Hodder & Stoughton, 1918), p. 19.
24 Willis, "Making the Dead Speak," pp. 61-62.
25 Willis, "Making the Dead Speak," p. 62.
26 S. Street, "Re-Writing the Past, Autobiography and Celebrity in Agatha (1979): 'An Imaginary Solution to an Authentic Mystery'," *Open Screens*, 3(1):2 (2020), p. 4.
27 Stewart, "Spiritualism, Detective Fiction, and the Aftermath of War," p. 76.

15 미시사 "현미경으로 들여다본 웅덩이 속의 물 한 방울"

1 Agatha Christie, *The Murder at the Vicarage* (London: William Collins & Sons, 1930), Chp. 21.
2 설혜심, 〈트위터와 미시사〉, 《한국사학사학보》 21권 (2010), p. 180.
3 설혜심, 〈미시사연구의 이론과 동향: 의사학의 시각〉, 《의사학》 24권 2호 (2015), pp. 326-327.
4 Christie, *They Do It with Mirrors* (London: William Collins & Sons, 1952) [Murder with Mirrors], Chp. 1.
5 Christie, *Towards Zero* (London: William Collins & Sons, 1944), Chp. Open the Door and Here Are the People.
6 Christie, *The Mirror Crack'd from Side to Side* (London: William Collins & Sons, 1962), Chp. 6.
7 Christie, *At Bertram's Hotel* (London: William Collins & Sons, 1965), Chp. 1.
8 Christie, *Appointment with Death* (London: William Collins & Sons, 1938), Chp. 4.
9 Christie, *Postern of Fate* (London: William Collins & Sons, 1973), Book 3, Chp. 2
10 Christie, *Dumb Witness* (London: William Collins & Sons, 1937), Chp. 8.
11 Christie, *An Autobiography* [1977] (New York: Harpercollins, 2011), p. 245.
12 설혜심, 〈미시사 연구의 이론과 동향〉, pp. 326-327.

13 Christie, *Dead Man's Folly* (London: William Collins & Sons, 1956), Chp. 3.

14 Christie, *The Mirror Crack'd from Side to Side*, Chp. 3; *Nemesis* (London: William Collins & Sons, 1971), Chp. 3.

15 Christie, *Nemesis*, Chp. 3.

16 Christie, *The Mirror Crack'd from Side to Side*, Chp. 22.

17 Jacques Revel, "[Préface] L'Histoire au ras du sol," in Giovanni Levi, *Le Pouvoir au Village* (Paris: Gallimard, 1989), p. xxiv.

18 Christie, *Ten Little Indians* (London: William Collins & Sons, 1939) [And Then There Were None], Epilogue.

19 Lawrence Stone, "The Revival of Narrative," *Past & Present*, 85:1 (1979).

20 Christie, *The Man in the Brown Suit* (London: The Bodley Head, 1924), Chps. 18, 25.

21 Christie, *Five Little Pigs* (London: William Collins & Sons, 1942) [Murder in Retrospect].

22 Emmanuel Le Roy Ladurie, *Montaillou: Cathars and Catholics in a French Village, 1294-1324* (Paris: Gallimard, 1975).

23 Christie, *A Caribbean Mystery* (London: William Collins & Sons, 1964), Chp. 1.

24 Christie, *A Caribbean Mystery*, Chp. 1.

16 제국 "해외여행 떠날 때가 되지 않으셨어요?"

1 Agatha Christie, *An Autobiography* [1977] (New York: Harpercollins, 2011), p. 307.

2 Christie, *Autobiography*, pp. 67-70.

3 Christie, *Autobiography*, pp. 292-293, 298-300.

4 Christie, *The Man in the Brown Suit* (London: The Bodley Head, 1924), Chp. 15.

5 설혜심, 《그랜드 투어: 엘리트 교육의 최종단계》 (휴머니스트, 2020) 참조.

6 Christie, *4.50 from Paddington* (London: William Collins & Sons, 1957), Chps. 5, 6.

7 Christie, *Endless Night* (London: William Collins & Sons, 1967), Book 2, Chp. 11.

8 Christie, *Ordeal by Innocence* (London: William Collins & Sons, 1958), Chp. 8.

9 Christie, *The Man in the Brown Suit*, Chp. 8.

10 Christie, *The Mystery of the Blue Train* (London: William Collins & Sons, 1928) Chp. 8.

11 Susanne Howe, *Novels of Empire* (New York: Columbia UP., 1949), p. 85.

12 Christie, *Cards on the Table* (London: William Collins & Sons, 1936), Chp. 2

13 Christie, *Sleeping Murder* (London: William Collins & Sons, 1976), Chp. 4.

14 Christie, *Autobiography*, p. 307.

15 Christie, *Taken at the Flood* (London: William Collins & Sons, 1948), Book 1, Chp. 1.

16 Christie, *The Murder of Roger Ackroyd* (London: William Collins & Sons, 1926), Chp. 16.

17 Christie, *A Caribbean Mystery* (London: William Collins & Sons, 1964), Chp. 1.

18 Christie, *The Secret Adversary* (London: The Bodley Head, 1922), Chp. 1.

19 Christie, *The Man in the Brown Suit*, Chp. 11.

20 Christie, *The Secret of Chimneys* (London: The Bodley Head, 1925), Chp. 12.

21 Christie, *They Came to Baghdad* (London: William Collins & Sons, 1951), Chp. 22.

22 Christie, *Elephants Can Remember* (London: William Collins & Sons, 1972), Chp. 7.

23 Christie, *The Sittaford Mystery* (London: William Collins & Sons, 1931) [The Murder at Hazelmoor], Chp. 18.

24 Christie, *Autobiography*, p. 11.

25 Christie, *Autobiography*, pp. 456-457.

26 Christie, *They Came to Baghdad*, Chp. 19.

27 Christie, *Autobiography*, p. 523.

28 Christie, *Autobiography*, p. 376.

29 Christie, *They Came to Baghdad*, Chp. 20.

30 Christie, *Third Girl* (London: William Collins & Sons, 1966), Chp. 17.

31 메리 루이스 프랫 지음, 김남혁 옮김, 《제국의 시선: 여행기와 문화횡단》 (현실문화, 2015), 제3-4장.

32 Carron Stewart Fillingim, "Revelations from "Cheesecake Manor": Agatha Christie, detective fiction, and interwar England," M.A. Thesis, Louisiana State University, 2007, pp. 8-9; Mary F. Brewer, "Exporting Englishness: ITV's Poirot," in Ruth McElroy, ed., *Contemporary British Television Crime Drama* (London and New York: Routledge, 2016); Gill Plain, "'Tale Engineering': Agatha Christie and the Aftermath of the Second World War," *Literature & History*, 29:2 (2020), pp. 193-194.

33 Brewer, "Exporting Englishness"를 참조하라.

34 C. Thomas, "Hanging up His Moustache: Suchet confirms next series of Poirot will be his last," *Daily Mail*, 9th October, 2012.

35 박지향, 《제국주의: 신화와 현실》 (서울대학교출판부, 2000), p. 7.

참고문헌

■ 애거서 크리스티 원작소설

- "Lost Mine," in *Poirot Investigates* (New York: Dodd, Mead and Company, 1925).
- "Three Blind Mice," in *Three Blind Mice and Other Stories* (New York: Dodd, Mead and Company, 1950).
- "Triangle at Rhodes," in *Murder in the Mews and Other Stories* (London: Collins Crime Club, 1937).
- *4.50 from Paddington* (London: William Collins & Sons, 1957).
- *A Caribbean Mystery* (London: William Collins & Sons, 1964).
- *A Murder Is Announced* (London: William Collins & Sons, 1950).
- *A Pocket Full of Rye* (London: William Collins & Sons, 1953).
- *After the Funeral* (London: William Collins & Sons, 1953).
- *Appointment with Death* (London: William Collins & Sons, 1938).
- *At Bertram's Hotel* (London: William Collins & Sons, 1965).
- *By the Pricking of My Thumbs* (London: William Collins & Sons, 1968).
- *Cards on the Table* (London: William Collins & Sons, 1936).
- *Cat Among the Pigeons* (London: William Collins & Sons, 1959).
- *Crooked House* (London: William Collins & Sons, 1949).
- *Curtain* (London: William Collins & Sons, 1975).
- *Dead Man's Folly* (London: William Collins & Sons, 1956).
- *Death on the Nile* (London: William Collins & Sons, 1937).
- *Destination Unknown* (London: William Collins & Sons, 1954) [So Many Steps to Death].

· *Dumb Witness* (London: William Collins & Sons, 1937).

· *Elephants Can Remember* (London: William Collins & Sons, 1972).

· *Endless Night* (London: William Collins & Sons, 1967).

· *Five Little Pigs* (London: William Collins & Sons, 1942) [Murder in Retrospect].

· *Hallowe'en Party* (London: William Collins & Sons, 1969).

· *Hercule Poirot's Christmas* (London: William Collins & Sons, 1938).

· *Hickory Dickory Dock* (London: William Collins & Sons, 1955).

· *Lord Edgware Dies* (London: William Collins & Sons, 1933) [Thirteen at Dinner].

· *Mrs McGinty's Dead* (London: William Collins & Sons, 1952).

· *Murder in Mesopotamia* (London: William Collins & Sons, 1936).

· *Murder Is Easy* (London: William Collins & Sons, 1939) [Easy to Kill].

· *Murder on the Orient Express* (London: William Collins & Sons, 1934).

· *Nemesis* (London: William Collins & Sons, 1971).

· *One, Two, Buckle My Shoe* (London: William Collins & Sons, 1940) [The Patriotic Murders].

· *Ordeal by Innocence* (London: William Collins & Sons, 1958).

· *Passenger to Frankfurt* (London: William Collins & Sons, 1970).

· *Peril at End House* (London: William Collins & Sons, 1932).

· *Postern of Fate* (London: William Collins & Sons, 1973).

· *Sad Cypress* (London: William Collins & Sons, 1940).

· *Sleeping Murder* (London: William Collins & Sons, 1976).

· *Taken at the Flood* (London: William Collins & Sons, 1948).

· *Ten Little Indians* (London: William Collins & Sons, 1939) [And Then There Were None].

· *The A.B.C. Murders* (London: William Collins & Sons, 1936).

· *The Big Four* (London: William Collins & Sons, 1927).

· *The Body in the Library* (London: William Collins & Sons, 1942).

· *The Clocks* (London: William Collins & Sons, 1963).

· *The Hollow* (London: William Collins & Sons, 1946).

· *The Man in the Brown Suit* (London: The Bodley Head, 1924).
· *The Mirror Crack'd from Side to Side* (London: William Collins & Sons, 1962).
· *The Moving Finger* (London: William Collins & Sons, 1943).
· *The Murder at the Vicarage* (London: William Collins & Sons, 1930).
· *The Murder of Roger Ackroyd* (London: William Collins & Sons, 1926).
· *The Murder on the Links* (London: The Bodley Head, 1923).
· *The Mysterious Affair at Styles* (New York: John Lane, 1920).
· *The Mystery of the Blue Train* (London: William Collins & Sons, 1928).
· *The Pale Horse* (London: William Collins & Sons, 1961).
· *The Secret Adversary* (London: The Bodley Head, 1922).
· *The Secret of Chimneys* (London: The Bodley Head, 1925).
· *The Seven Dials Mystery* (London: William Collins & Sons, 1929).
· *The Sittaford Mystery* (London: William Collins & Sons, 1931) [The Murder at Hazelmoor].
· *They Came to Baghdad* (London: William Collins & Sons, 1951).
· *They Do It with Mirrors* (London: William Collins & Sons, 1952) [Murder with Mirrors].
· *Third Girl* (London: William Collins & Sons, 1966).
· *Three Act Tragedy* (London: William Collins & Sons, 1935) [Murder in Three Acts].
· *Towards Zero* (London: William Collins & Sons, 1944).
· *Why Didn't They Ask Evans?* (London: William Collins & Sons, 1934) [The Boomerang Clue].

■ 2차 문헌

· "English Crime Writer Agatha Christie with Peter Saunders at the Party," *The Daily Mail*, 14th April, 1958.
· 〈메이드 인 코리어 100억불(億弗)(87) 자동차[11]〉, 《경향신문》, 1977. 12. 5.
· 〈포니 영국 상륙… 언론·업계 관심 높아져〉, 《동아일보》, 1981. 10. 28.

· Allmendinger, Blake, "The Erasure of Race in Agatha Christie's And Then There Were None," *ANQ: A Quarterly Journal of Short Articles, Notes, and Reviews*, 32:1 (2019).

· Altman, Dennis, "Reading Agatha Christie," *Current Affairs and Culture from Australia and Beyond*, 5th January, 2009.

· Anon, "Review-The Mysterious Affair at Styles," *The Pharmaceutical Journal and Pharmacist*, 57 (1923).

· Baker, Susan, "Shakespearean Authority in the Classic Detective Story," *Shakespeare Quarterly*, 46:4 (1995).

· Bardell, Eunice Bonow, "Dame Agatha's Dispensary," *Pharmacy in History*, 26:1 (1984).

· Barnard, Robert, "Agatha Christie," *London Magazine*, 1st October, 1979.

· Barnard, Robert, *A Talent to Deceive* (New York: Dodd Mead, 1980).

· Bernthal, J. C., "'If Not Yourself, Who Would You Be?': Writing the Female Body in Agatha Christie's Second World War Detective Fiction," *Women: A Cultural Review*, 26:1/2 (2015).

· Bernthal, J. C., "Killing Innocence: Obstructions of Justice in Late-Interwar British Crime Fiction," *Clues: A Journal of Detection*, 37:2 (2019).

· Bernthal, James Carl, "A Queer Approach to Agatha Christie, 1920-1952," Ph.D. Thesis, University of Exeter, 2015.

· Bloomfield, Jem, ""Three Ordinary, Normal Old Women": Agatha Christie's Uses of Shakespeare," *Shakespeare*, 16:1 (2020).

· Brewer, Mary F., "Exporting Englishness: ITV's Poirot," in Ruth McElroy, ed., *Contemporary British Television Crime Drama* (London and New York: Routledge, 2016).

· Chandler, Raymond, *The Simple Art of Murder* (Boston: Houghton, 1950).

· Christie, Agatha, *An Autobiography* [1977] (New York: Harpercollins, 2011).

· Clare, R. J., "'Fit to Fight?': HOW THE PHYSICAL CONDITION OF THE CONSCRIPTS CONTRIBUTED TO THE MANPOWER CRISIS OF 1917-

18," *Journal of the Society for Army Historical Research*, 94:379 (2016).

· Colley, Linda, *Britons: Forging the Nation, 1708-1837* (New Haven: Yale UP., 1992).

· Conan Doyle, Arthur, *The New Revelation* (London: Hodder & Stoughton, 1918).

· Davis, Natalie Zemon, *The Return of Martin Guerre* (Cambridge, Mass.: Harvard UP., 1983).

· Devereaux, D. M., "Through the Magnifying Glass: Exploring British Society in the Golden Age Detective Fiction of Agatha Christie and Ngaio Marsh," M.A. Thesis, University of Canterbury, 2012.

· Escobar, Natalie, "What Was the Inspiration for "The Murder on the Orient Express"?," *Smithsonian Magazine*, 22nd November, 2017.

· Ewers, Chris, "Genre in Transit: Agatha Christie, Trains, and the Whodunit," *Journal of Narrative Theory*, 46:1 (2016).

· Fillingim, Carron Stewart, "Revelations from "Cheesecake Manor": Agatha Christie, detective fiction, and interwar England," M.A. Thesis, Louisiana State University, 2007.

· Gerald, Michael C., "Agatha Christie's Drugs and Disease," *Pharmacy in History*, 34:2 (1992).

· Gerald, Michael C., *The Poisonous Pen of Agatha Christie* (Austin: Univ. of Texas Press, 1993).

· Gill, Gillian, *Agatha Christie: The Woman and Her Mysteries* (New York: The Free Press, 1990).

· Gill, Martin, and Jerry Hart, "Exploring Investigative Policing: A Study of Private Detectives in Britain," *The British Journal of Criminology*, 37:4 (1997).

· Gwilt, Peter R., and John R. Gwilt, "Dame Agatha's. Poisonous Pharmacopoeia," *The Pharmaceutical Journal*, 221 (1978).

· Howe, Susanne, *Novels of Empire* (New York: Columbia UP., 1949).

· Hughes, Thomas, *Tom Brown's Schooldays* (London: Macmillan, 1857).

· Humphreys, Anne, "Who's Doing It? Fifteen Years Work on Victorian Detective Fiction," *Dickens Studies Annual*, 24 (1996).

· James, P. D., "The Art of the Detective Novel," *Journal of the Royal Society of Arts*, 133: 5349 (1985).

· Keating, H. R. F., "Hercule Poirot–A Companion Portrait," in H. R. F. Keating, ed., *Agatha Christie: First Lady of Crime* (London: Weidenfeld and Nicolson, 1977).

· Le Roy Ladurie, Emmanuel, *Montaillou: Cathars and Catholics in a French Village, 1294-1324* (Paris: Gallimard, 1975).

· Light, Alison, *Forever England: Femininity, Literature and Conservatism between the Wars* (London: Routledge, 1991).

· Lynch, Laura, "A Look Back at the 'Dollar Princesses,'" *The World*, 22nd April, 2011.

· MacGregor, J. J., "Britain's Wartime Food Policy," *Journal of Farm Economics*, 25:2 (1943).

· Macrae, T. F., "The Effect of Britain's Food Policy on Nutrition," *Food, Drug, Cosmetic Law Journal*, 7:7 (1952).

· Maugham, William Somerset, *The Vagrant Mood: Six Essays* (London: William Heinemann, 1952).

· Mezei, Kathy, "Spinsters, Surveillance, and Speech: The Case of Miss Marple, Miss Mole, and Miss Jekyll," *Journal of Modern Literature*, 30:2 (2007).

· Ministry of Labour, Report for the Year 1938, Parliamentary Papers, 1938–9 (Cmd. 6016).

· Misztal, Mariusz, "Theory and Practice of Royal Education based on Victorian Prince of Wales' Educational Experiment," *Bulletin of the History of Education*, 36 (2017).

· Morgan, Janet P., *Agatha Christie: A Biography* (London: HarperCollins, 1984).

· Newman, Gerald, *The Rise of English Nationalism* (New York: St Martin's Press, 1997).

· Pattinson, Juliette, Arthur McIvor and Linsey Robb, *Men in Reserve: British Civilian Masculinity in the Second World War* (Manchester: Manchester UP., 2016).

- Paxman, Jeremy, *The English: A Portrait of a People* [2nd edition] (London: Penguin Books 1999).
- Plain, Gill, "'Tale Engineering': Agatha Christie and the Aftermath of the Second World War," *Literature & History*, 29:2 (2020).
- Plain, Gill, *Twentieth-Century Crime Fiction: Gender, Sexuality and the Body* (Edinburgh: Edinburgh UP., 2001).
- Priadko, Taryn, and Sophie Kesteven, "The history of the Savoy Hotel in London, host to the Queen, The Beatles and the 'real James Bond'," *ABC Radio National*, 3rd October, 2020.
- Reid, Robin Anne, "The Centenary Caper: Casing Two Competing Schools of Detective Fiction," *Rocky Mountain Review of Language and Literature*, 46:1/2 (1992).
- Revel, Jacques, "[Préface] L'Histoire au ras du sol," in Giovanni Levi, *Le Pouvoir au Village* (Paris: Gallimard, 1989).
- Robinson, Michael, "Broken Soldiers: the chaos of enlistment in the British Army in the early months of the Great War," *History Ireland*, 24:2 (2016).
- Rosenbaum, Matthew, "Here's Looking at You, Kid: Private Detectives and Investigators," *Occupational Outlook Quarterly*, Summer (1994).
- Said, Edward W., *Orientalism* (New York: Pantheon Books, 1978).
- Sedgwick, Eve Kosofsky, *Between Men* (New York: Columbia UP., 1985).
- Seed, Patricia, *Ceremonies of Possession in Europe's Conquest of the New World, 1492-1640* (Cambridge: Cambridge UP., 1995).
- Stagl, Justin, *A History of Curiosity: The Theory of Travel 1550-1800* (Chur, Switzerland: Harwood Academic Publishers, 1995).
- Stevenson, John, *British Society 1914-45* (London: Penguin Books, 1984).
- Stewart, Victoria, "Spiritualism, Detective Fiction, and the Aftermath of War," *Clue: A Journal of Detection*, 27:2 (2009).
- Stewart, Victoria, "True-Crime Narratives and Detective Fiction in Interwar Britain," *Clues: A Journal of Detection*, 29:2 (2011).

- Stone, Lawrence, "The Revival of Narrative," *Past&Present*, 85:1 (1979).
- Street, S., "Re-Writing the Past, Autobiography and Celebrity in Agatha (1979): 'An Imaginary Solution to an Authentic Mystery'," *Open Screens*, 3(1):2 (2020).
- Taylor, A. J. P., *English History 1914-1945* (Oxford: Oxford UP., 1965).
- Taylor, P., "Daughters and Mothers—Maids and Mistresses: Domestic Service between the Wars," in J. Clarke, C. Critcher and R. Johnson, eds., *Working Class Culture: Studies in History and Theory* (London: Hutchinson, 1979).
- Thomas, C., "Hanging up His Moustache: Suchet confirms next series of Poirot will be his last," *Daily Mail*, 9th October, 2012.
- Thomas, Keith, *Religion and the Decline of Magic* (New York: Charles Scribner's Sons, 1971).
- *Titled Americans: A List of American Ladies Who Have Married Foreigners of Rank* (New York, Street & Smith, 1890).
- TNA, Cabinet Papers, BAB 27/2, Committee of Imperial Defence, War Policy; Report, Supplementary Memoranda, Proceedings and Appendices of a Cabinet Committee. 7th September, 1915.
- Todd, Selina, "Domestic Service and Class Relations in Britain 1900-1950," *Past& Present*, 203 (2009).
- Warren, Craig A., "Gender and Moral Immaturity in Agatha Christie's "And Then There Were None"," *CEA Critic*, 73:1 (2010).
- Watson, Colin, *Snobbery with Violence: Crime Stories and Their Audience* (London: Eyre & Spottiswoode, 1971).
- Willis, Chris, "Making the Dead Speak: Spiritualism and Detective Fiction," in Warren L. Chernaik, Martin Swales and Robert Vilain, eds., *The Art of detective fiction* (Basingtoke: Macmillan, 2000).
- Wood, Andy, "Fear, Hatred and the Hidden Injuries of Class in Early Modern England," *Journal of Social History*, 39:1 (2006).
- Yiannitsaros, Christopher, "Tea and Scandal at Four-Thirty: Fantasies of Englishness and Agatha Christie's Fiction of the 1930s and 1940s," *Clues: A*

Journal of Detection, 35:2 (2017).
- Zimmermann, Karl, *The GrandLuxe Express* (Bloomington: Indiana UP., 2007).
- 계정민, 〈"거슬리는 늙은 고양이들"-노처녀탐정 추리소설의 성정치학〉, 《영어영문학》 59권 4호 (2013).
- 계정민, 《범죄소설의 계보학: 탐정은 왜 귀족적인 백인남성인가》 (소나무, 2018).
- 나탈리 제먼 데이비스 지음, 양희영 옮김, 《마르탱 게르의 귀향》 (지식의 풍경, 2000).
- 노명환 외 10인, 《20세기 서양의 일상과 풍경》 (선인, 2019).
- 매기 앤드루스·재니스 로마스 지음, 홍승원 옮김, 《100가지 물건으로 다시 쓰는 여성 세계사》 (웅진지식하우스, 2020).
- 메리 루이스 프랫 지음, 김남혁 옮김, 《제국의 시선: 여행기와 문화횡단》 (현실문화, 2015).
- 박지향, 《제국주의: 신화와 현실》 (서울대학교출판부, 2000).
- 설혜심, 〈18세기 대영박물관에 전시된 인삼(ginseng): 입수 경로와 당대의 반응〉, 《인삼 문화》 3권 (2021).
- 설혜심, 〈미시사연구의 이론과 동향: 의사학의 시각〉, 《의사학》 24권 2호 (2015).
- 설혜심, 〈트위터와 미시사〉, 《한국사학사학보》 21권 (2010).
- 설혜심, 《그랜드 투어: 엘리트 교육의 최종단계》 (휴머니스트, 2020).
- 설혜심, 《서양의 관상학, 그 긴 그림자》 (한길사, 2002).
- 설혜심, 《역사, 어떻게 볼 것인가》 (길, 2011).
- 설혜심, 《인삼의 세계사: 서양이 은폐한 '세계상품' 인삼을 찾아서》 (휴머니스트, 2020).
- 설혜심, 《제국주의와 남성성: 19세기 영국의 젠더 형성》 (아카넷, 2016).
- 설혜심, 《지도 만드는 사람: 근대 초 영국의 국토·역사·정체성》 (길, 2007).
- 설혜심·박형지, 《제국주의와 남성성: 19세기 영국의 젠더 형성》 (아카넷, 2016).
- 이영석, 〈공습과 피난의 사회사: 2차 세계대전기 영국인의 경험〉, 《서양사

론》 143호 (2019).
- 이영석, 《공장의 역사: 근대 영국 사회와 생산 언어 정치》 (푸른역사, 2012).
- 케이트 폭스 지음, 권석하 옮김, 《영국인 발견》 (학고재, 2017).

■ 인터넷 자료

- Bullmore, Joseph, "Old School, New Tricks/ Eton opens its doors to the children of N.H.S. workers," Airmail, 4th April, 2020 [https://airmail.news/issues/2020-4-4/old-school-new-tricks]
- https://www.flemings-mayfair.co.uk/mayfair-hotel/history
- Turkel, Stanley, "Hotel history: Swiss hotelier and chef de cuisine run revolutionary Savoy," CMHS hotel-online.com, 11th, August 2018. [https://eturbonews.com/230295/hotel-history-swiss-hotelier-and-chef-de-cuisine-run-revolutionary-savoy]

애거서 크리스티 읽기

역사가가 찾은 16가지 단서

1판 1쇄 발행일 2021년 8월 16일
1판 2쇄 발행일 2021년 9월 13일

지은이 설혜심

발행인 김학원
발행처 (주)휴머니스트출판그룹
출판등록 제313-2007-000007호(2007년 1월 5일)
주소 (03991) 서울시 마포구 동교로23길 76(연남동)
전화 02-335-4422 **팩스** 02-334-3427
저자·독자 서비스 humanist@humanistb ooks.com
홈페이지 www.humanistbooks.com
유튜브 youtube.com/user/humanistma **포스트** post.naver.com/hmcv
페이스북 facebook.com/hmcv2001 **인스타그램** @humanist_insta

편집주간 황서현 **편집** 최인영 이영란 **디자인** 김태형
조판 홍영사 **용지** 화인페이퍼 **인쇄** 삼조인쇄 **제본** 정민문화사

ISBN 979-11-6080-675-5 03920